JN084592

よくわかる

英語シャドーイング

実践から指導まで

濱田 陽＝著
Yo Hamada

音声動画について

本書に収録している音声動画は、
次のサイトからアクセスできます。

■ウェブサイト

https://www.9640.jp/books_955/

■パスワード

shad55E

はじめに

この本を手にとってくださったのは、きっと「シャドーイング」が気になっている方、あるいは実践されている方でしょう。そこで、まずは本書について最もお伝えしたい3点を簡潔にお話ししたいと思います。

本書の目的

シャドーイングにおけるリスニング力と発音改善の仕組み、そして、個人・学校現場でどのように利用できるかを説明し、読んでくださった方が実践的にシャドーイングを活用できるようになることです。

本書の特徴

本書は、シャドーイングの仕組みと活用方法について、筆者の「学習者」「研究者」「教師」の3つの視点から、学術的研究の成果をもとに、具体的に提案します。

なぜシャドーイングなのか

一言でいうと「手っ取り早く、かつ、効果的」な方法だからです。誰でも、即効性があり、効果的な方法を求めますが、シャドーイングは、まさに、短期間でリスニング力の向上が期待でき、発音改善の練習として活用することもでき、さらに、手順が分かりやすい方法です。

お忙しい方は、この後を飛ばしてすぐに中身に入っていただいても結構ですが、その前にできればもう少しだけおつきあいください。

■本書の目的

本書を執筆しようと思った一番の理由は、シャドーイングという言葉が日本では有名になっている一方で、学術的な見解を交えた一般の方々向けの情報が、非常に限られているためです。

YouTubeで「シャドーイング」と検索すると、たくさんの関連動画が見つかり、インターネットで「シャドーイング」と検索しても、何ページにもわたるヒット数が見られます。書店にもシャドーイングの本は並んでいます。また、今話題のChatGPTに「シャドーイングとは？」と問いかけると、説明してくれます。しかし、そこで筆者が抱いたのは、「シャドーイングについて知りたい人は、この中からどうやって自分に合う情報を見つけるのだろう」という懸念です。シャドーイングという言葉はよく聞きますが、個人の体験談ではなく学術的なデータと理論に基づいた活用方法・情報をどのくらい見つけることができるでしょうか。

AIの普及、特にChatGPTの台頭とともに、今後、英語学習と英語のコミュニケーションは、大きく変わっていくかもしれません。今や、ChatGPTが、翻訳や要約は瞬く間に行ってくれますし、会話においても高性能な翻訳機器が普及しています。しかし、どんなに科学技術が進歩しようとも、英語を自分で聞いて理解したいという願いやニーズは、なくなることはないと思います。そして、英語をきれいに分かりやすい発音で話したいという希望やニーズも、決してなくなることはないでしょう。

シャドーイングは、短期的に効率よく英語のリスニング力を高める方法であり、発音練習としても使う事ができる、前述の人間の普遍的なニーズを支援する練習法です。本書では、⑴日本で生まれ育った筆者の学習者としての視点、⑵小学校・中学校の英語の教科書作成に携わるものとして、また、中学生・高校生・大学生を教えてきた教師としての視点、⑶最後に研究者としての視点から、シャドーイングについて、包み隠さずお話しします。

■本書の対象と構成

本書はシャドーイングに興味のある方全員に、意義のある内容をお届けしたいと思って執筆しました。シャドーイングという大きなテーマに対して、複数の切り口で紹介します。

第Ⅰ部（第1章〜第3章）では、より多くの方々を対象に、シャドーイングの基礎理論と活用方法について説明します。導入として、学習者の視点で、「シャドーイングとは何か？」について説明します。第1章では基礎的な理論を、第2章では、シャドーイングの効果について、学術的な研究結果を交え説明します。第3章では、10種類を超えるシャドーイングの種類について、QRコードで動画を示しながらご紹介します。

第Ⅱ部（第4章〜第8章）では、より細かいニーズを念頭に、学校現場および個人練習として、具体的な実践方法をご提案します。教師の視点でポイントを明確にしながら指導法を提案します。第4章では小学校、第5章では中学校、第6章では高校、第7章では大学におけるシャドーイングの活用法について提案します。第8章では、学習者の視点で、シャドーイングでどのように英語力をアップできるかを具体的な練習方法も交えて提案します。

第9章では、研究者の視点で、学生・院生・研究者の方を対象に、今後のシャドーイング研究についてご紹介します。

最後に、本書の復習として、素朴な疑問や普段よく受ける質問に答える形でQ&Aのコーナーも設けています。

■筆者について

筆者は、日本（秋田）で生まれ育ち、中学校で初めて英語に触れ、文法訳読法全盛の中で英語を学んできました。東京の大学に進み、大学院はテンプル大学（修士）と広島大学（博士）で、主に日本で英語を学んできました。職歴は、東京の高校で教員をスタートし、秋田では中高一貫校で教諭を経た後、現在の秋田大学に勤務しています。日本語でも英語でも昔から発音に強い興味があり、例えば同じ秋田の中でも、地域による秋田弁の微妙な差異で、出身が大体わかります。アメリカ英語の中でも、テンプル大学の本校のあるアメリカのフィラデルフィアや、親友の住んでいるミネソタ出身の人の英語は、だいたい当てることができます。その一方、今でこそ、あまり困ることはありませんが、実は、英語のリスニングにはずっと苦労していました。今から20年ほど前、初めて渡米した2日目に、電車を間違えて周りに助けを求めたものの英語が速くて全く分からなかった絶望的な瞬間を、今でも鮮明に覚えています。

これらが、私のシャドーイング研究の原点です。一人でも多くの方がシャドーイングによってリスニング力を向上すること、発音を改善することを心から願って、本書を執筆しました。シャドーイングの効果を感じたら、ぜひ、友人や他の先生に勧めてみてください。シャドーイング研究をしてみたいと感じたら、ぜひ、行ってみてください。

2024 年 3 月
濱田　陽

目　次

第 I 部　英語シャドーイングの基礎

第Ⅱ部 英語シャドーイングの実践

第 I 部
英語シャドーイングの基礎

シャドーイングの基礎的説明

1-1 シャドーイングの生い立ち

●シャドーイングの始まり

近年、シャドーイングを聞いたことがある人は増えたと思いますが、シャドーイングがどのように生まれたのかはご存知でしょうか？

今、にぎやかな教室にいると仮定してください。たくさんの声が行きかう中で、どこからともなく、大好きな歌手の歌が聞こえてきて、一緒に口ずさんでいます。これは、自然なことに思えるかもしれませんが、ふと考えてみると、たくさんの声の中で1つの声を聞き分けるというのは、不思議なことではないでしょうか？　この現象は、Cocktail party effect（カクテルパーティー効果；Cherry, 1953）と呼ばれ、シャドーイングと大きなつながりがあります（Wood & Cowan, 1995）。

あなたは下の絵のように、ヘッドフォンをしています。左のヘッドフォンからは、天気予報、右のヘッドフォンからは、スポーツニュースが聞こえてきます。そこで、「天気予報だけを聞いて、そのことをなんらかの形で示してください」と言われたらどうしますか？

天気予報だけに集中して、聞いたまま同時に声に出して繰り返すことで、天気予報だけを聞き分けているということを示すことができるでしょう。聞こえてきた天気予報をぴったり追いかけて復唱するというこの様子は、流れ

てきた音を「影」（シャドー）のように追いかけているようではないでしょうか？　カクテルパーティー効果が既に 1953 年に報告されていたということは、シャドーイングは、実は今からおよそ 70 年も前から存在していたのです。

●外国語学習方法としてのシャドーイング

では、どのような経緯で、シャドーイングが外国語学習に使われるようになったのでしょうか？　シャドーイングは第一言語の分野で長年にわたって研究がなされ（例：Carey, 1971）、特に、同時通訳のトレーニングやその研究で有名です（Lambert, 1988, 1991, 1992）。同時通訳とは、1 つの言語（例えば英語）を即時に、別の言語（例えば日本語）で再生することですが、シャドーイングとは、聞いている言語（英語）を同じ言語（英語）で即時に復唱するという点で似ています。

日本の英語教育にシャドーイングが「上陸」したのは、玉井健氏の 1992 年・1997 年の研究論文が先駆けだと思われます。その後、徐々に研究やシャドーイング実践が広まり、2007 年の門田修平氏の『シャドーイングと音読の科学』で、シャドーイングについて学術的に検証され、その後加速度的にシャドーイングの実践と研究が広まったように思えます。

本書執筆時の 2023 年現在、シャドーイングは、様々な方面で認知度が上がっています。ドラマ化もされた有名な漫画『ドラゴン桜』でも登場しています。実際、筆者の大学の授業でも、10 年前は 1 年生に対してシャドーイングとは何かを 1 から説明していましたが、最近では、説明をしなくとも、既にほとんどの学生が高校までに体験してきているように感じています。インターネットで検索すると、関連する記事やコラムがすぐに見つかります。また、本書を執筆するに当たり、YouTube でもシャドーイングと検索してみたところ、そのヒット件数に驚きました。

しかし、学術分野でもシャドーイングを理論に基づき適切な方法で研究を行っているものはいまだに決して多いとは言えず、インターネット上の知識では、その性質上、情報に偏りがあることは否めません。言語習得論の中には、個人差（individuality）という重要な概念があり、学習スタイルは人によって異なることは当然で、1 人の経験を一般化するのは必ずしも正解とは言えません。理論とデータに加え、個人の感覚を合わせて実践することが大切です。それでは、シャドーイングはどのように研究されてきたのかを確認しましょう。

●これまでのシャドーイング研究

シャドーイングに関する研究には、数十年という歴史がありますが、外国語習得法として注目される前は、前述のように、国際的にも通訳訓練法として認識されていました。21 世紀直前から、第二言語・外国語のシャドーイング研究が増加し、その後の 20 年でようやく研究数が増えてきました。リスニング関連、スピーキング関連、心理関連、シャドーイングのメカニズムが主な研究分野です。

リスニング分野では、理論背景をベースに、シャドーイングがどのようにリスニング力育成に寄与するのか、そして、その実践方法が研究されています。この分野では、どのような教材を使ったらよいか、どのタイミングで練習すればよいかなど、教室内でのシャドーイング実践について書かれたものが大半を占めます。これらの研究から現時点ではっきりと言えることは、シャドーイングは、リスニング力の育成に非常に効果的であるということでしょう。

スピーキング分野では、主に発音の側面において、シャドーイングの有効性が報告されています。しかしながら、研究数が少ないことに加えて、発音と言っても様々な側面があるため、まだ明確な結論が出ているわけではありません。つまり、シャドーイングは発音を改善する効果はありますが、この研究分野はまだ発展途上で、今後のさらなる進展が待たれる分野です。

心理分野では、シャドーイングをする際の学習者心理や心理的負担についての研究が主流です。シャドーイングを行うと実感すると思いますが、シャドーイングは、コスト感や認知負荷と呼ばれる、脳内や心理面への負荷が大きい練習法です。どの程度の負荷がかかり、学習者はシャドーイングをどのように認識しているかについて研究されています。シャドーイングに対しての感覚は人それぞれ異なるため、大変だけど楽しいと感じる人もいれば、苦しいけど頑張ろうと思う人もいるでしょう。個人差が顕著に現れる分野です。

メカニズムについては、シャドーイングの機能そのものや、シャドーイングを用いた言語測定の評価方法についての研究があります。

これから、過去の研究も適宜交えて、理論的かつデータの裏付けのあるシャドーイングの話を紹介します。

1-2 シャドーイングとは

● シャドーイングの定義

近年急速に広まったシャドーイングですが、シャドーイングの基本的な定義を確認しましょう。シャドーイングとは、聞こえてきた音声を、できるだけ忠実にそのまま同時に繰り返す行為です（Lambert, 1992）。シャドーイングでは、原則スクリプトは見ません。耳のみに頼り、聞こえたまま復唱します。聞いたものを繰り返すため、厳密に言うと、全く同時に繰り返すのは不可能で、音声に続いてごくわずかの遅れは生じることになります。このように、シャドーイングの基本定義は単純なのですが、シャドーイングと一見似ている他の練習方法と混同してしまうことがよくあるので、以下でもう少し詳しく見てみましょう。

● Listen and repeat との違い

シャドーイングのポイントは、即時性（間髪入れずに聞こえてきた通りに同時に繰り返すこと）にあります。一方、シャドーイングとよく似ていて、混同してしまいがちなのは、**Listen and repeat** です。Listen and repeat は、生徒は教科書を閉じて、先生が1つの区切りまで音読し、止まったところで生徒が繰り返すという、授業でよく見る光景ですので、多くの人が体験したことがあると思います。この活動では、先生の先導した数語を一時的に頭に入れて復唱するため、同時に繰り返していくシャドーイングとは性質が異なります。そのため、シャドーイングがオンライン活動と言われるのに対して、Listen and repeat はオフライン活動と言われます（Shiki et al., 2010）。例を見てイメージを比較してみましょう。

シャドーイング

Akita is famous for delicious rice and kind people.

Akita is famous for delicious rice and kind people.

Listen and repeat

先生

生徒：

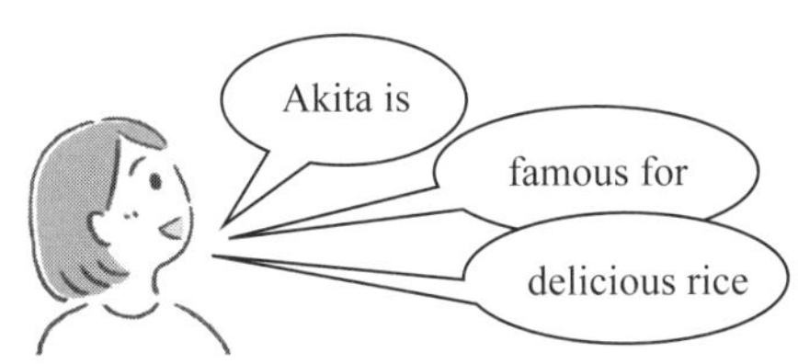

シャドーイングでは、Akita の A が聞こえたらすぐに復唱を始めますが、Listen and repeat では、先生が Akita is と言って止まってから Akita is と復唱します。一見大きな違いはなさそうですが、脳内では全く異なる動きが見られます。シャドーイングでは、聞こえてくる音を即座に復唱するために、まず音に全ての注意を向け、その単語の意味まで考える余裕はほとんどありません。一方、Listen and repeat では、意味のかたまりの複数語を頭の中に一度保存して、それを取り出して復唱するため、無意識に「意味」への注意が大きくなります（門田, 2007)。実際、異なる 2 つのグループで、片方はシャドーイング中心、もう片方はリピーティング中心で一定期間練習した結果、

シャドーイング群はリスニング力、リピーティング群はリーディング力の伸びが見られたという報告があります（Hamada, 2016a）。このように、一見似ている2つの活動ですが、実際の仕組みも効果も異なるものです。

●パラレルリーディングとの違い

パラレルリーディングは、シンクロリーディング・聞き読みなど呼び方が様々ありますが、スクリプト（文字）を見ながらシャドーイングすることです（門田・玉井, 2017）。通常、シャドーイングをするときはスクリプトを見ませんが、パラレルリーディングではスクリプトを見ながらシャドーイングするため、文字・意味にも自動的に意識が向くので、音声に対する意識は薄れます。特に通常のシャドーイングが難しい時など、シャドーイングの前段階の練習として用いるのが効果的です（門田・玉井, 2017）。

1-3 シャドーイングと理論的枠組み

●シャドーイングとスキル習得理論

第二言語習得論という大きな枠組みにおけるシャドーイングの位置づけについて説明します（Hamada & Suzuki, 2022）。第二言語習得論の1つであるSkill Acquisition Theory（スキル習得理論、略してSAT；Dekeyser, 2015）では、言語習得は、大きく次の3段階を経るとされています。

① 宣言的知識を学ぶ段階
② 知識を練習して使えるようにする段階
③ 知識を素早く正確に使えるようにする段階

ギターの例を挙げて考えてみましょう。ギターを弾くためには、まず、どの弦をどのように押さえればどのような音が出るかという知識を学びます。

その、使い方に関する知識を**宣言的知識**（declarative knowledge）と呼びます（①)。そして、その知識を使って、実際に練習して適切な音を出せるようにします。この、知識を実際に使えるようにする段階を**手続き化**（proceduralization）と呼びます（②)。最終的には、練習を経て、慣れてくると特に意識せずとも難なく音が出せるようになるでしょう。この段階を**自動化**（automatization）と呼びます（③)。

では、シャドーイングに当てはめてみましょう。リスニング力育成の観点から見ると、シャドーイングは、既に知っている単語や音声を、1つ1つゆっくり話されればわかるのに、実践的な英語の中では聞き取れないという問題を解決します。例えば、"Could you please?"（お願いできますか？）という表現で考えてみましょう。Could も you も知っていますし、2つ以上の単語がくっついて1語のように発音されることがあることも知っています（①宣言的知識)。その知識を使いながら、聞いたときに理解できるようになるのが手続き化の段階（②）ですので、シャドーイングで練習をすることで、②の段階が強化され、さらに練習を積み重ねることで、その1つ1つの知識を思い出さずとも、自然と無意識に聞き取れる自動化の段階（③）を目指します。

発音においても、既に知識として知っている発音を、シャドーイングを通して繰り返し練習し、あれこれ考えず自然に発音できることを目指します。英語独特の th の発音 /θ/ を含む "I think the stick is so thick" という文を例に挙げましょう。/θ/ の音を含む1つ1つの単語の発音の仕方はわかっているとします（①宣言的知識)。そして、その宣言的知識を使いながらシャドーイングの練習を通して、1文を適切に発音できるようにします（②手続き化)。そして、練習を重ねていくうちに、意識せずとも自然に適切に発音できるようになること（③自動化）を目指します。

まとめると、シャドーイングはリスニングのボトムアップ処理能力（個々の音を聞き取り、単語を認知する能力）と発音の改善に効果的ですが、どちらにおいても、図の③の自動化を目指し、①→②→③のプロセスを強化するための練習法と考えられます。

●上級・中級・初級とは

言語習得にも段階があり、聞き取り力が弱いうちにシャドーイングを繰り返して発音をよくしようとしても、そもそも英語のルールに沿った正しい音を聞き取ることができないため、発音することも困難です。シャドーイングを用いながら効率的に力を伸ばすためには、自分のレベルと、言語習得の段階を念頭に置いて練習することが重要です。

シャドーイングは、耳のトレーニング方法であるため、本書では、**初級・中級・上級**という表現は、英語総合力に対してではなく、**リスニング力**に限定したレベル分けとして説明します。例えば、リスニングは大の苦手である一方、リーディングは比較的得意な人や、リーディングには自信がある人にはシャドーイングの効果が出るでしょう。この場合は、英語力はおそらく中級・上級ですが、リスニング力は初級になるでしょう。つまり、シャドーイングを効果的に活用するためには、ある程度の英語の基礎知識が必要です。もちろん、効果がないわけではありませんが、**聞こえなかった単語が聞こえる**ようになるためには、そもそもその単語を知っている必要があります。英語総合力において初級・中級・上級と表現してしまうと、英語の知識に乏しく、それゆえにリスニングも苦手という初級者と、英語の知識はあるが、リスニングが苦手、という人の区別がつきません。その点を明確にするために、本書では、リスニングに関して初級・中級・上級と表現します。

√チェックリスト

初級

□ リスニングの際、音声が速くてついていけないことが多い。
□ 単語がつながって聞こえて、聞き取れないことが多い。
□ 聞き取れる単語をなんとかつなげて内容をなんとなく理解することが多い。
□ リスニングとリーディングのギャップが激しい。

中級

□ ゆっくりした英語なら大体ついていけるが、速いとついていけないことが多い。
□ ある程度の単語は聞き取れるが、細かいところは推測する。

□ 教科書などの、きれいに話された英語はある程度聞き取れるが、映画やドラマなど生の英語についていくのは難しい。

上級

□ ほとんどの単語は聞き取れる。
□ リスニングで問題がある場合は、単語レベルでなく内容の問題。
□ 話者の癖や発音の細かい点まで聞き取れる。
□ 映画やドラマの英語も大体聞き取れる。

シャドーイングにおける初級・中級・上級のイメージがわいたでしょうか？　各レベルで、チェックが2つ以上ついていれば、そのレベルに属すると考えていいでしょう。本書では、今後レベル別に言及した場合は、このようなイメージで分類しているので、自分のレベルに照らし合わせて読んでいただければと思います。

まとめ

- **シャドーイングが生まれたのはいつ？**
  シャドーイングそのものは1950年代に実験で用いられていたと言われています。日本の英語教育での利用は2000年前後に始まり、10～15年で広範囲に知れわたりました。
- **シャドーイングって何？**
  夕方、自転車に乗っている自分を影（シャドー）が追ってくるように、誰かが話している言葉をそのまま同時に影のように追いかけて繰り返すことです。
- **シャドーイングの効果は？**
  リスニング力と発音の改善が主な効果です。
- **シャドーイングと言語習得の段階は？**
  スキル習得理論の3段階（宣言的知識・手続き化・自動化）において、音の聞き取りや発音の自動化を目指します。自分の弱点はどこなのか、随時確認しながら、段階を意識して進めます。

●初級・中級・上級

シャドーイングは、リスニング力に大きくかかわる練習方法です。本書でのレベル分けは、英語力全般のレベル分けではなく、リスニング力に基づくレベル分けで考えます。

第2章 シャドーイングの効果

2-1 シャドーイングの効果とは

本書の内容を効率的に理解していただくために、シャドーイングの主要な効果について、はじめに説明したいと思います。まず、シャドーイングで最も効果が早く目に見えて確認できると言われているのは、**リスニング力**です。具体的には、**本来知っているはずの単語**（綴りを見ると意味はわかる）が、**リスニングになると聞き取れないという悩み**を解決してくれるのがシャドーイングの最も大きな役割です。つまり、恩恵を受けやすいのは、ある程度英語に関する知識はある一方、リスニングが苦手な人です。また、**スピーキング力**の面では、**発音**の改善にも効果があります。リスニング力は比較的短期間でも効果が表れますが,発音はより複雑なので少し時間がかかります。

それでは、シャドーイングのメカニズムと効果について、もう少し深く見てみましょう。シャドーイングは、耳で聞いたもの（リスニング）を復唱する（スピーキング・発音）活動ですが、それぞれがどのように言語習得につながるのでしょうか。

2-2 リスニングの仕組み

普段の生活で、私たちは日本語を聞いて、理解して、話しています。ところが、これが英語になると、日本語のようにスムーズに聞き取ることができなくなります。では、なぜスムーズに聞き取ることができなくなるのか、そして、シャドーイングがどのようにその悩みを解決してくれるのかを考えてみましょう。

●リスニングのプロセス

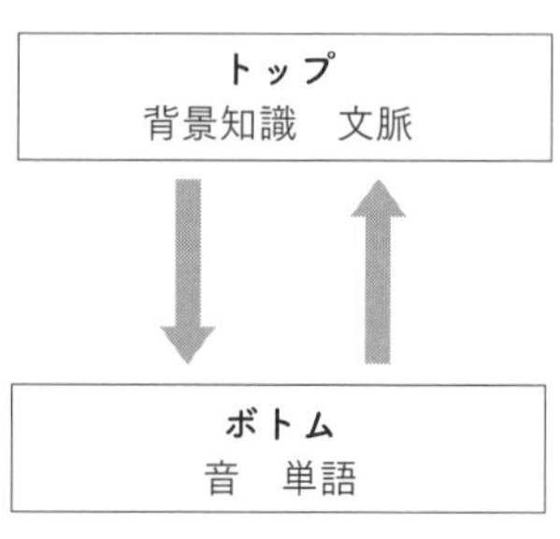

はじめに、脳内におけるリスニングのプロセスを大まかに分けると、トップダウンとボトムアップという2つの処理があります。トップダウン処理とは、文脈や背景知識を活用して理解する処理のことで、ボトムアップ処理とは、音や単語を認知する処理です(Field, 2008; Rost, 2011)。例えば、メジャーリーグの大谷翔平選手が大活躍ですが、大谷選手の話題を英語で聞いている際に、「今年は二刀流ともに調子がいい。盗塁の数も増えた」というような、既に知っている知識を思い出しながら、次に話される内容を予想したり対比したりして聞く際に働いているのがトップダウン処理です。逆に、全く大谷選手を知らない人が、初めて聞く大谷選手の話に出てくる1つ1つの単語や情報を聞き取りながら話の内容を理解する際に働いているのがボトムアップ処理です。

トップダウン処理とボトムアップ処理の対比としてもっと極端な例を挙げてみましょう。歯磨きをしている人に自分が話しかけられている場面を思い浮かべてください。1つ1つの音声や単語はうまく聞き取れませんが、何を言っているのか、聞き取れた単語を中心に、内容を推測して「なんとなく」わかるでしょう。これが、トップダウン処理が一生懸命働いている状態です。ようやく歯磨きが終わって、話しかけられると、全ての音も単語もはっきりと聞こえるので、ボトムアップ処理も働きやすくなります。

私たちが日本語で会話をしたり何かを聞いたりする際には、どちらかだけではなく、自然にどちらの処理も効率的に使われていますが、英語を聞いている際にも、同じようにこの処理が働いているのでしょうか？

●弱いのはトップダウンかボトムアップか？

これまで、英語を聞いているときに、「速すぎて聞き取れない」「発音がうまく聞き取れない」「途中からわからなくなってついていけなくなった」という経験はないでしょうか？　筆者も、20歳で初めてアメリカに行った際の恐怖を今でも覚えています。サンフランシスコに到着した2日目に、電車を乗り間違えて、全く知らないSan Joseという終点の駅に到着したことがあります。顔面蒼白になりながら周りの人に助けを求めるも、教科書の倍速で話され、まるで全ての音がつながっているかのように聞こえる生の英語が全くわからず、パニックになりました。絶望的な気持ちで目の前にあった折り返しの電車に乗ったら、たまたま居合わせた年配の方がゆっくりと話してくれて、なんとか帰ることができました。実は、この「ゆっくり」がカギとなります。

速すぎてお手上げだったのに、同じ内容をゆっくり話されたら、あるいは文字で見たら「なんだ、こんな簡単なことを言っていたのか」と思ったことはないでしょうか。普段、日本語を話しているときに、相手の発話で、「今のはあ、だったのか？　いだったのか？」と、個々の音が認識できないことはほとんどないでしょうし、速すぎて聞き取れないということはあまりないと思います。ところが、英語を聞いていると、「今の音は何？」「単語がつながって聞こえてわからなかった」というふうに、聞こえてくる音声が認識できないため、その単語の意味もわからない、そして高速で音が流れていってついていけなくなってしまう、ということが起こります。つまり、ボトムアップ処理が弱いのです。ゆっくりと話してもらったり文字で読んだりすればわかるのに、同じことを普通の速さで話されるとわからないということは、裏を返せば、音さえ聞き取ることができれば、理解できるようになる、ということです。

●リスニングの練習について

それでは、これまで皆さんが経験したことがあるであろう「リスニングの練習」を思い出してみてください。学校で先生が「今から英文を聞いて、その後で設問を解きましょう」という形式の「練習」を体験したことはないでしょうか？　むしろ、ほとんどがこの形式だったという人も多いと思います。そして、定期テストや資格試験でもまた同じ、「英文を聞いて設問を解く」形式に遭遇します。

さて、練習もテストも同じ形式だということに、違和感がないでしょうか？　スポーツでも習い事でも、普段の練習があって、本番があるのが通常です。つまり、多くの場合、リスニングにおいては、リスニングの練習をしているつもりでも、実は練習ではなく、テストを解いているのと一緒なのです。スポーツで例えると、細かい練習をせずに、常に練習試合だけをしているようなものです。つまり、会話を聞いて設問に答えるという、テストと変わらない練習を続けているだけでは、「速すぎて聞き取れない」「音がうまくキャッチできない」という問題を克服するには、遠回りです。

練習試合で見つかった問題点を普段の練習で修正し、また技術を向上させて次の練習試合や本番に臨むのと同じように、リスニング力を高めるためには音をしっかり聞き取るボトムアップ処理である**音声知覚**を、集中的に練習して高めて、リスニングという本番に臨むことが必要なのです。

2-3 シャドーイングのリスニングへの効果

それでは、どうすれば音を聞き取る力を鍛えることができるのでしょうか？　そのためにはまず、**認知資源・音声知覚・音と意味の関係性**を理解することが重要です。

● 認知資源

認知資源とは、「情報の処理のための資源。コンピューターの内部メモリ容量に相当するもの」であり、他に注意資源やワーキングメモリ容量という用語とほぼ同義に使用されます（門田, 2015, p. 354）。コンピューターの内部メモリが小さいものと大きいものを比較すれば、大きいものの方が処理速度は速いですね。

気が散るということに例えてみましょう。自分が気を向けられる注意の容量を 100 と考えて、1 人で読書をしている状況をイメージしてください。自分の注意資源 100 を読書に向けていたところ（①）に、蚊がプーンと耳元を行ったり来たりすると、蚊が気になって 20～30 %の集中力がどうしても蚊にいってしまわないでしょうか（②）。さらに、そこでどこからともなく自分の好きな歌が流れてきたとなると、その歌にも注意力が割かれ、もともと 100 あった容量のうち読書に向けられるのは半分もしくは半分以下になるかもしれません（③）。この、自分の中で注意を払える「容量」を**認知資源**と呼びます。

●音声知覚・音と意味の関係性

リスニングを理解するにあたり、この認知資源の考え方に加えて、**音と意味の関係性**も重要です。「ん？⤴」という上げ調子の1音で「え？　もう1回言って」という意味を示すことができるように、通常、発話される音と意味は切っても切れない関係にあります。第一言語の場合、音の認識は自動化されているので、通常困ることはありません。一方、英語を聞く場合は、聞こえた音自体が何かを認識するという段階でつまずいてしまうことがあります。言い換えると、第一言語では切っても切れない関係である音と意味が、外国語ではそうではないことが多々あるということです。例えば、アメリカ英語では、特に語と語がつながって流れるように聞こえます。困った顔をしていたら、優しい夫婦が「レタスヘルプヤ」と言ってくれたのに「レタス？ヘルプヤ？」と戸惑っていると、実は “Let us help you.”（お手伝いしましょうか）だったということもあります。筆者も、数年前にアメリカのミネソタ州で過ごしていた際、飲食店やホテルで「ユオセッ？」と聞かれたことがあり、何を意味しているのかしばらくわかりませんでした。はじめのうちは、yes と答えていましたが、気になってある時聞き返したら “you’re all set?”（これで大丈夫ですか？）でした。このように、第一言語ではない英語では、音声知覚が自動化されていません。そのため、本来のスムーズな音声知覚から意味理解への流れが滞ってしまいます。

スムーズな流れ

♪（音声）→ 👂 → 知覚 → 意味 → 💡理解

音声の知覚でつまずく流れ

♪（音声）→ 👂 → ?? → ?? → ??

一方、第一言語である日本語では音と意味が自動的に結びついています。そのため、日本語を聞いているときは、先ほどの認知資源の容量を音声の認識に割く必要はなく、ほぼ全てを、聞いている内容の理解に向けることができます（④）。しかし、英語の場合は、認知資源を、音声知覚と意味処理に割かなければなりません。その結果、処理が追いつかずパンクしてしまうことさえあります（⑤）。このような状態で、先ほどお話しした、英文を聞いて設問を解くという練習をひたすら繰り返しても、非効率的であることはもうおわかりかと思います。そこで、このような問題を解決するために注目された特効薬がシャドーイングです。

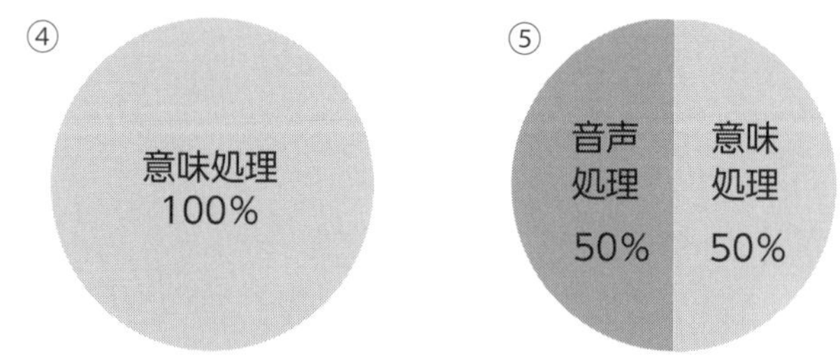

音と意味の関係性

● シャドーイングと音と意味

初めて聞く話や難解な話は、たとえ日本語であってもシャドーイングをしながら意味を考えることはなかなか大変です。ましてや英語の場合は、音を聞き取って即時に繰り返そうとすることで精いっぱいです。つまり、意味を考える余裕はなく、認知資源の大半は、音の認識に向かいます。試しに、2種類の速いスピードで読まれた英文を用意して、1つ目は、ただ聞いてみてください。もう1つは、シャドーイングしてみてください。おそらく、1つ目は、大まかな意味を捉えることはできたかもしれませんが、それと比較すると2つ目では、明らかに意味理解が劣っていると思います。このように、シャドーイングをする際は、必然的に認知資源の大半は音声の方に向くことになります。これを利用して、普段は切り離すことができない**音と意味の関係を強制的に切り離して**、音声認識の面を強化することができるのです（門田, 2007, p. 56）。

普段英語を聞くときに、認知資源を半分ずつ「音」と「意味理解」に割り当てていたものを、シャドーイングを行う際は「音声知覚」に100%注ぐイメージで集中します。そうすることで、本来切り離すことができない「音」と「意味」を切り離し、音声知覚のみを強化するという仕組みです。つまり、シャドーイングは、音と意味理解の切り替えスイッチのようなものです（門田, 2007）。

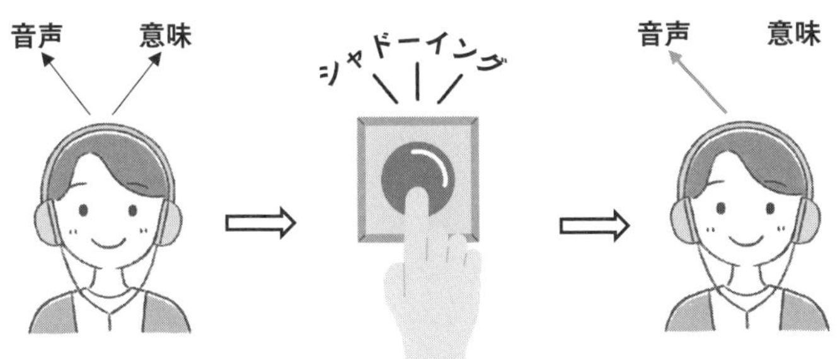

音の認識力が高まれば、「知っているのに聞き取れない」「文字で見るとわかるのに聞き取れない」という現象が大幅に改善され、結果として、自分が理解できる単語・文章が増え、リスニング力全体が伸びるという、比較的単純な仕組みです。もちろん、英語を始めたばかりの人にも効果は出るとは思いますが、明らかな向上は、英語の基礎知識はある程度あるもののリスニング力が弱い人に見られやすいでしょう。

これらの理論に関して、Hamada（2016b）では実際に研究を行い、シャドーイングをすることで、音声知覚・リスニング力全体が向上することを確認しています。

研究①

Q：シャドーイングが音声知覚を向上させるか？　リスニング力を向上させるか？　リスニング力の低い学習者に効果があるのか？（Hamada, 2016b）

実験協力者：日本人大学生 43 名（初級・中級群に分けて分析）

題材：〈教材〉洋書教科書（CEFR: B1-B2 Level）やや難

〈テスト〉穴埋めリスニング問題・英検リスニング過去問

方法：1 回 15-20 分、週 2 回、計 9 回、教科書を利用してシャドーイング中心の練習。シャドーイングの前に語彙、内容、文法などのチェック。

結果：シャドーイングは音声知覚を向上させる。

リスニング力を向上させる。

リスニング力の低い学習者の方がリスニング力向上により効果が出る。

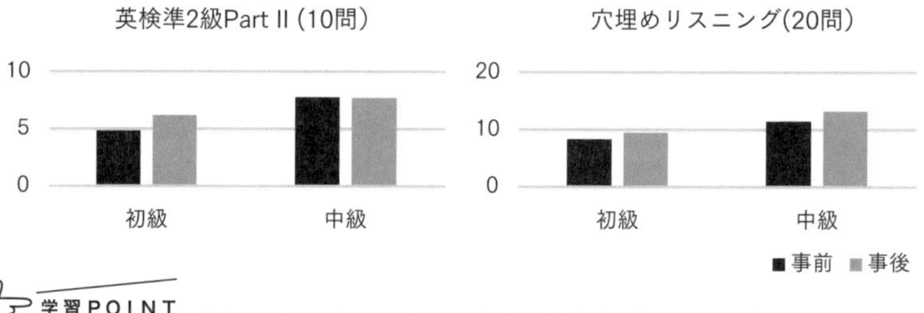

学習POINT

シャドーイングには、聞こえてくる音声に集中して繰り返そうとするため、その過程で音声知覚が向上し、結果としてリスニング力全体が向上するという理論的仮説がありました。そして、既に高い音声知覚を持つ上級者より、音声知覚が未熟なリスニング初級～中級者の方が効果が出やすいという仮説もありました。この研究では、それらの仮説が、日本人の英語学習者に対して実践的にも成り立つことをデータで示しています。

文章で読めばわかるけれど聞くと速すぎてついていけないという、リスニング力が弱い人にとっては、シャドーイングを集中的に練習することで、飛躍的に**聞き取る力が身につく**ということが言えるでしょう。

シャドーイングが、いかに細かい音声の聞き取り力の向上に特化した方法であるかを示した研究もあります。

研究②

Q：シャドーイングは訛りのある英語に対するリスニング力も向上させるのか？（Hamada, 2019a）

実験協力者：日本人大学生 66 名（リスニング群とシャドーイング群）

題材：〈教材〉中国語訛りのある 2 人の会話（2 種類を 4 分割）

〈テスト〉中国語訛りの英語の聞き取り（文・単語の書き取り）、全部で 40 語（1 つ 2 点、合計 80 点）

方法：1 回 15-20 分程度、計 4 回。

片方のグループはシャドーイング、もう片方はリスニング。

結果：シャドーイング群の方がリスニング群より効果あり。

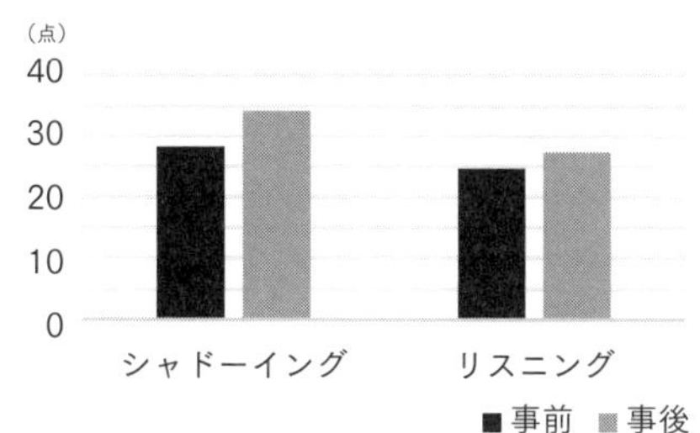

学習POINT

現代では、英語は世界中で話されていますが、英語を第一言語としていない人は多くの場合、自身の第一言語の影響を受けた英語を話しています。この時代の流れを受けて、この研究ではあえて中国語訛りのある英語の聞き取りを、シャドーイングで上達させることができるかを検証した結果、効果があることがわかりました。

このことは、訛りの強い英語でも、シャドーイングすることによって聞きやすくなるということを示唆しています。

研究②で、シャドーイングをすることで訛りのある英語の聞き取りも上達することがわかりましたが、より深く検証した研究もあります。

研究③

Q：訛りのある英語の聞き取りにシャドーイングを使う際、スクリプトは必要か？（Hamada & Suzuki, 2021）

実験協力者： 日本人大学生 96 名（シャドーイング群、シャドーイング＋スクリプト群、一般的な授業のみを受けた統制群）

題材：〈教材〉 難易度が高くなく読みやすい洋書の速読用教科書。1 話 250 語程度の長さの文章を、マレーシア英語、中国英語、アフリカ英語、フィリピン英語、モンゴル英語で合計 5 話収録。

〈テスト〉 単語聞き取り問題（25 問ずつアメリカ英語、中国英語、イタリア英語で収録）

方法： 以下の手順で上記の 5 話を練習

シャドーイング群	シャドーイング＋スクリプト群
シャドーイング 1 回目	シャドーイング 1 回目
シャドーイング 2 回目	シャドーイング 2 回目
	スクリプト確認
シャドーイング 3 回目	シャドーイング 3 回目

＊統制群：一般的な授業的な授業

結果： 異なる訛りの英語をシャドーイングすることで、訛った英語を聞く力が向上した。シャドーイング＋スクリプト群に顕著な効果が見られ、今回練習しなかったアメリカ英語にも伸びが見られた（次ページ図参照）。

学習POINT

研究②に加え、研究③では、シャドーイングによって訛りのある英語を聞く力を伸ばしたい場合は、スクリプトの確認をする時間を取り入れることが重要であることを示しています。つまり、ただシャドーイングをするよりも、それぞれの単語について、自分の知っている音と実際に訛りのある発音の隔たりを埋めるステップを踏むと、より効果的であるということです。

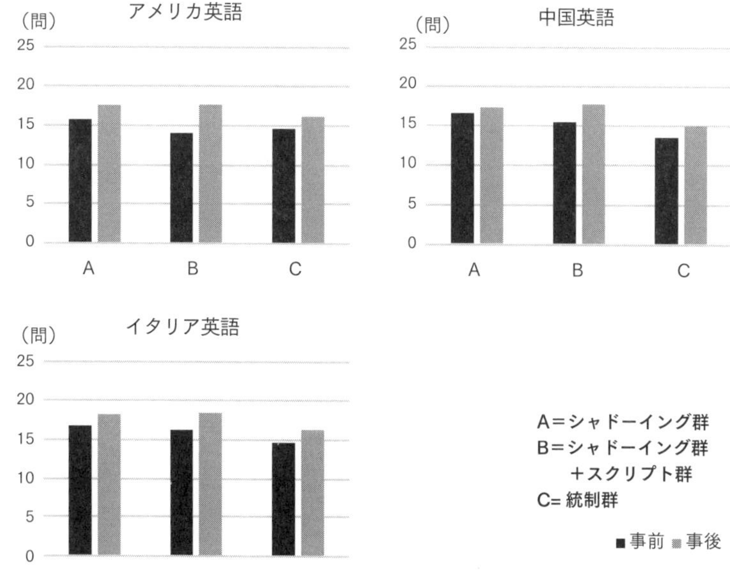

2-4 誰でもシャドーイングで英語が聞き取れるようになるのか

シャドーイングのリスニング力向上への有効性について理論と研究の両面から紹介してきましたが、果たして誰にでも効果があるのでしょうか？　端的な答えとしては、シャドーイングをリスニング力向上に使う場合は、初級～中級の人に最も効果が出やすいとされています。

Hamada（2016b、研究①）では、リスニング力が低い人の方が高い人より効果が見られることを報告しています。その理由は、既に音声知覚が高い人と比べると、低い人は、**単語自体は知っているが、音と意味が結びついていない**という現象の改善が顕著に見られるからです。例えば、以下のように、2,000 語知っている A さんと B さんがいると仮定して、A さんは 2,000 語全部聞き取れますが、B さんは 1,300 語しか聞き取れないとすれば、シャドーイングによって B さんが残りの 700 語を聞き取れるようになれば、A さんよりも B さんの方がリスニング力全体の伸び幅が大きいと言えるでしょう。

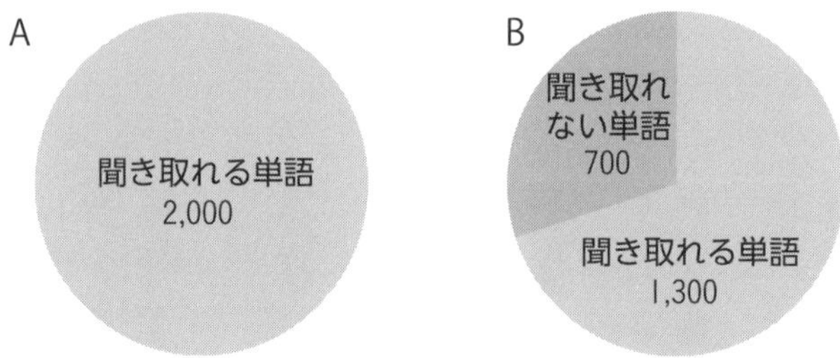

さて、研究①〜③は全て大学生が対象となっていましたが、中学・高校生にも効果があるのでしょうか？

研究④

Q：中学生のリスニング力向上に効果があるか？（望月, 2010）

実験協力者：中学２年生58名（シャドーイング群と従来指導群）

題材：〈教材〉検定教科書

〈テスト〉英検リスニング過去問（3級10題、準２級20題、２級10題）

方法：１回20分、週3〜4回程度、約１ヶ月、教科書を利用してシャドーイングを中心に行う群と、リスニングやリピート練習など通常の指導を行う群で練習。

結果：シャドーイング群の方が従来の指導を行った群よりリスニング力の点数が向上した。

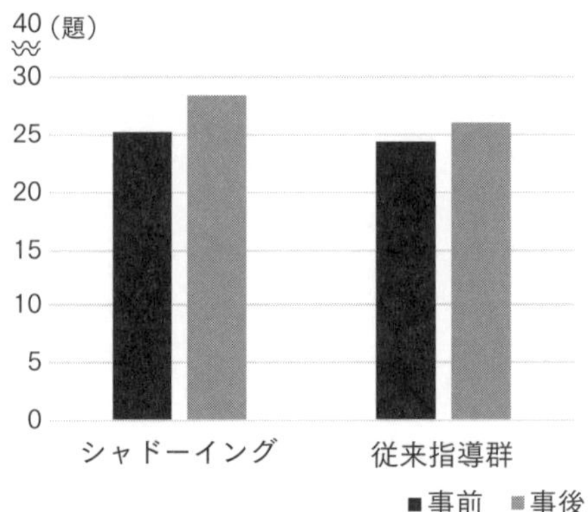

研究⑤

Q：高校生のリスニング力向上に効果があるか？（玉井, 1992）

実験協力者：高校2年生94名（シャドーイング群とディクテーション群）

題材：〈教材〉ニュース

〈テスト〉SLEP 75問

（アメリカの英語以外の言語話者を対象とするテスト）

方法：シャドーイング群は、リスニング、パラレルリーディング、語彙チェック、シャドーイング等の組み合わせの50分授業を週1回、計13回（3.5カ月）。ディクテーション群は、シャドーイングの代わりにディクテーション。

結果：シャドーイング群に、より顕著な伸びが見られた。

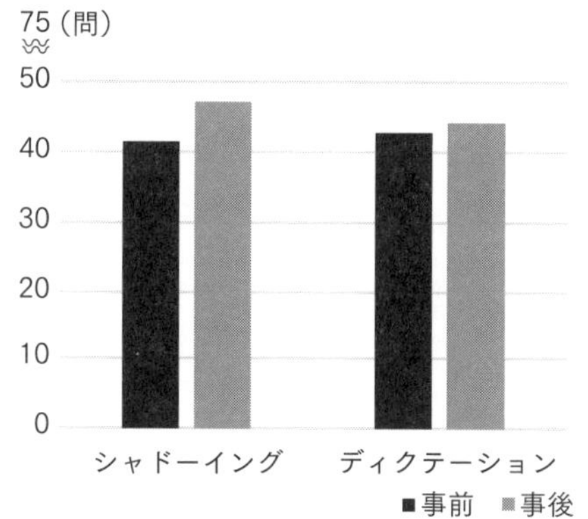

学習POINT

研究④と⑤から、シャドーイングは、大学生だけでなく、中高生のリスニング力向上にも効果的であることがわかります。また、実験室等の限られた環境でのみ有効な結果が見られる方法ではないため、通常の授業に組み込む形で、クラス全体のリスニング力が鍛えられる、という実践的なものであるということを示しています。さらに、環境の制限もなく、複雑な手順を踏む必要もないため、個人学習でも問題なく活用することができます。

2-5 英語の発音について

次に、シャドーイングとスピーキングの関係について考えてみましょう。シャドーイングは、聞こえてきたものをそのまま復唱する練習ですので、スピーキングの中の発音の改善に効果的であると考えられています。それでは、まず発音についての基礎知識をおさらいしましょう。

●発音とは何か

発音と聞くと、どんなことを思い浮かべますか？　一口に「英語の発音」と言っても、発音は、個々の音（例えば /r/ や /v/）だけではありません。その他にも、抑揚、リズム、流暢さなど、様々な要素から構成されていて、それらを総称して発音と呼ばれています。より専門的な用語を使うと segmentals（分節）と suprasegmentals（超分節）/Prosody（プロソディ）があります。Segmentals は個々の母音と子音を指し、suprasegmentals/prosody には、強勢、リズム、抑揚、トーン等が含まれます（Derwing & Munro, 2015, p. 3)。

では、「発音がよい」とはどういうことでしょうか？　発音のよさを測定する指標としてよく用いられるのが「わかりやすさ」で、学術的には comprehensibility（理解性）と intelligibility（明瞭性）が用いられます。Comprehensibility とは、発音がどれくらいわかりやすいのかを指し、intelligibility は聞いている人がどれだけわかったかを指します（Derwing & Munro, 2015, p. 5)。大まかに言えば、comprehensibility は、聞いている人の労力の度合い、intelligibility は実際にどれくらいはっきり発音されているかです。

少し大げさな例を挙げれば、仮に日本語訛りが強いカタカナ英語だとしても、明確に適度なスピードで抑揚に気をつけて話すと comprehensibility は高く、わかりやすくなります。ところが、同じカタカナ英語でも抑揚もなく早口で棒読みで話すと、低くなります。一方、英語の規則に沿った発音とカタカナ英語の発音を比較すれば、やはり intelligibility は前者の方が高くなります。日本人が苦手な代表例の /r/ の音を /l/ で置き換えたり（例えば、right（右）を light（光))、/v/ を /b/（例えば vase（花瓶）を base（基礎))とすると、intelligibility は下がります。

●個々の音について（segmentals）

英語には、日本語にない音が複数ありますが、それら全部を網羅しなくても、わかりやすい発音に近づくことは可能です。その中でも習得したい細かい音の代表例は、/l, ɹ, ð, θ, v/ です（Saito, 2014）。これらの 5 つは、日本で英語を教える英語母語話者と日本人教員が特に重要であると選んだ音です。

/r/ は日本語にはない音で、/r/ と /l/ を間違えてもわかってもらえることもありますが、誤解を招くこともあります。夏の暑い日に “It’s hot today. Let’s go to the river” と言うつもりが、/r/ がうまく言えずに /l/ で代用して “Let’s go to the liver”（liver は肝臓という意味です）と言っても、意味がわからない人はいないでしょう。ただ、私の好きな歌に The Climb（by Miley Cyrus）という歌があるのですが、climb（/claim/ 登る）の /l/ を /r/ で発音してしまうと crime（/craım/ 犯罪）という全く違う意味のタイトルになってしまいます。/s/ と /θ/ を間違えると、I am thinking（考えている）と言うつもりが I am sinking（私は沈んでいる）となりますし、vet（獣医）を bet と言えば、賭けとなってしまいます。

発音は、運動と同じように、知識でルールを理解して、体に染み込ませることが重要です。「英語の会」https://eigonokai.jp/ というサイトには、各音素の発音の仕方が詳しく説明されています。

●個々の音以外について（suprasegmentals）

筆者は大学生の頃、発音＝個々の音を指すと思っていましたが、大学院で初めて suprasegmentals という概念を学んで驚いたのを今でも覚えています。授業でもよく紹介するのですが、really という単語は、言い方次第で、意味が変わります。例えば、「マジで !?」と言いたいときは、声を大きく、Really!? ⤴というふうに語尾を上げて聞き返すように言いますし「冗談でしょ？嘘くさい」と言うときは、声のトーンを下げて、Really ⤵と、語尾も下げて懐疑的に言います。

また、あまり抑揚をつけずに日本語のように話してしまうと、気持ちが伝わりにくくなるので、英語を話すときは、1 つのセリフ内でも抑揚をつけて意味や感情を伝えます。

英語の強弱のコツは、内容語は強く、機能語は弱くです。内容語とは、名詞・動詞・形容詞・副詞・疑問詞・数・指示語等を指し、機能語とは、人称代名詞・助動詞・be 動詞・冠詞・前置詞等を指します（靜, 2019)。大まかに言うと、内容語は、意味が詰まった重要な言葉です。例えば、筆者にとっては、卒業生が巣立っていく 3 月が 1 年で最も寂しい季節です。“March is the saddest month for me” と言うときに、全ての単語を同じ強さで言っては、この人は本当にそう思っているのか？と疑われます。心を込めて言うと、自然と March（名詞）、 saddest（形容詞）、 month（名詞）が強くなります。名詞・形容詞のそれらの単語は自然と強く発音します。me は人称代名詞ですので通常は強くは発音しませんが、他の人にとっては悲しくないかもしれないけど、自分にとっては、ということを強調するために、強く発音しても構いません。

●母音と子音の組み合わせの影響

日本語の音は、母音と子音の組み合わせですが、英語は、そうではありません（靜, 2019)。例えば、but は /bʌ/ と /t/ ですが、日本語のような読み方をするとバットとなり、/t/ の後に /o/ という余計な母音がついてしまいます。

余計な母音をつけてしまうと、さらに深刻な問題となってしまいます。リズムの言語である英語は、stress-timed と言われるのに対し、日本語は、syllable-timed と言われ、全ての音節を同じように扱います。そのため、音節を発音する時間が日本語と英語では異なります（靜, 2019)。例を挙げてみましょう。

英語

●　●　●　（3 拍）

I’ll　go there　now

日本語読み

●●●　●●　●●　●●　（9 拍）

アイル　ゴウ　ゼア　ナウ

I’ll　go　there　now

このように、英語では3拍しかとらないところ、同じ文章を日本語読みしてしまうと9拍も取ってしまい、リズムが変わってしまいます。そのため、シャドーイングをしようとしても、本来発音しない音も発音してしまい、リズムも合わず、ついていけなくなってしまいます。

詳しく発音を勉強したい方は、靜（2019）がお勧めですが、ここで少し触れたように、個々の音素をいくつか絞ってきれいに発音し、内容語を強く、余計な母音をつけないというルールを守ることでも、英語らしくなり相手に伝わりやすくなります。

2-6 シャドーイングのスピーキングへの効果

シャドーイングのスピーキングへの効果は、発音の改善に効果があり（Foote & McDonough, 2017）、中級者以上の人にお勧めです（Hamada, 2019b）。それではもう少し細かく見てみましょう。

● 英語レベルについて

シャドーイングのスピーキングへの効果を考える前提として、対象は中級の上、あるいは上級者（音声知覚がある程度自動化に近づいている学習者）だと筆者は考えています。シャドーイングを続けていると、はじめは音声にしか注意が向かなかったものが、徐々に意味や自分の発音にも注意を向けられるようになってきます。つまり、音声知覚が向上してきて、音声を聞いた瞬間にその音が何であるかを無意識に判別できるようになれば、今まで音声知覚に割いていた認知資源をアウトプット（発音）に向けることができます。音素レベルだけでなく、抑揚やリズムなど、様々な角度から細かく注意を向けることも可能になります。

また、近年の研究から、発音を身につけるためには、アウトプット練習も大事ですが、聞き取りの重要性も報告されており（Lee, Plonsky, & Saito, 2020）、急がば回れという格言にもあるように、無理にアウトプット練習をするのではなく、しっかりと耳を鍛えてから向かうことが重要です。

これらに関する研究も2つ紹介します。

研究⑥

Q：シャドーイングにより、わかりやすさ（comprehensibility）と訛り（accentedness）が改善するか？（Hamada, 2017）

実験協力者：58 名の英語専攻ではない日本人大学生（実験群と対照群）

題材：〈教材〉英語の教科書内の 8 つのニュース記事

〈テスト〉/æ, f, w, l, ɹ, ð, θ, v/ を含んだ 7 文の音読の事前事後テストを 6 名の英語母語話者が評価

方法：1 回 20 分程度、週 2 回、1 ヵ月、実験群はシャドーイング、対照群はリピーティングを中心とした練習

結果：両群に訛り・わかりやすさに際立った差は見られず。

研究⑦

Q：シャドーイングの、リスニングとスピーキング力育成への影響は？（Chung, 2010）

実験協力者：3 群からなる 116 名の韓国の中学生
（分析対象はリスニング 108 名、スピーキング 83 名）

題材：〈教材〉ネットから入手した 1 分の題材、6 種類

〈テスト〉リスニング：TOSEL Junior（韓国の小学校高学年～中学校初級レベルの英語力測定テスト）スピーキング・Junior SET Level II of the Versant test（小学校高学年～中学校レベルのスピーキングテスト）

方法：1 回 5 分程度、週 3 回、6 週間、3 群がそれぞれシャドーイング & リスニング、リスニングのみ、シャドーイングのみで練習。

結果：リスニングとシャドーイングを組み合わせた群のリスニング力が最も向上、しかしスピーキング力における際立った向上は見られず。

学習POINT

2 つの研究ともに、スピーキング面での効果は確認できませんでしたが、共通して言えることは、実験協力者が上級者ではないという点です。シャドーイングを発音練習に活用するためには、発音への意識を高め、さらにそこに認知資源を割くことのできるある程度高いレベルのリスニング力を備えた学習者である必要があります。

●シャドーイングはスピーキング力全体を伸ばすのか

シャドーイングをスピーキング力の向上に生かすためには、ある程度リスニング力が必要であるということがわかりましたが、そもそも**スピーキング力全体**が向上するのでしょうか？　シャドーイングをしている様子を見ると、音声を聞いて口を動かして話しているように見えるので、スピーキング力全体が向上するように誤解されがちです。しかし、筆者は、いくら上級者と言えどもシャドーイングの効果は発音までの限定的なものだと考えています。

わかりやすい例として、母語で考えてみましょう。なじみのない方言をシャドーイングすることで、その方言を使った日本語の会話力自体まで伸びるでしょうか？　きっと真似がうまくなり、練習を重ねるとその地方の人のような発音で話すことはできるようになるかもしれませんが、その地方の方言を使い、現地の人のように話すことができるようになるとは考えにくいと思います。そもそもスピーキング時には、かなりの思考を伴いますし、脳内では深い情報処理が行われます。基本的に意味ではなく音声に認知資源が割かれるというシャドーイングのメリットから考えると、やはりその効果は発音の改善に限定されると考えた方が自然でしょう。

●発音のどこに効果があるのか

それでは、シャドーイングは発音のどのような点に効果があるのでしょうか？　筆者は、シャドーイングは音素レベルの習得に効果が出やすいと考えています。

例えば、日本人に難しいとされる /r/ や /θ/（Saito, 2014）などの音は、中～上級者の方であれば、どのように発音すればよいかは聞いたことがあると思いますし（①）、それらが含まれた1つ1つの単語であれば発音することもできるかもしれません（②）。しかし、実際の会話になると、認知資源を他にも割かなければならないため、難しくなるという方は多いのではないでしょうか。例えば、think を丁寧に個別で発音するとできるのに、文中で話すと sink になってしまう、とか、I have realized that pronouncing R is difficult という文章があったとして、/r/ に気をつけてゆっくり発音するならうまく発音できるのに、自然に発音しようとすると /l/ と /r/ が混ざってしまうという経験はないでしょうか。つまり、自動化（③）には到達していないという段階ですので、この最後の難しい③の段階に到達するために、シャドーイングが活用できる可能性があるということです（☞1-3）。

① /r/ /θ/　発音の仕方の知識がある（宣言的知識）

↓

② /r/ /θ/　気をつければ発音ができる（手続き化）

↓

③ /r/ /θ/　気をつけなくても発音できる（自動化）

シャドーイングの際は、聞いたものを即座に繰り返すという性質上、音を聞いて繰り返すまでに考える時間がほぼありません。つまり、知識（発音の仕方）と技能（発音すること）を通常会話に近い状態で練習することで、音声と正確な発音を、意識しなくとも連動させるための最善のトレーニング方法です。シャドーイングの精度を高めていくことで、そのギャップが埋まっていくため、発音が改善するという仕組みです。

発音とシャドーイング研究で代表的な Foote & McDonough（2017）の海外での研究と最新の研究（Shao, Saito, & Tierney, 2022）に加え、日本で行われた研究を紹介します。

研究⑧

Q：シャドーイングによって発音の改善が見られるか？(Foote & Mc Donough, 2017)

実験協力者：16 名の上級英語学習者

題材：〈教材〉ドラマの一部（Friends, The Big Bang Theory など）

〈テスト〉シャドーイングと、絵を見て説明するタスク（22 人の英語母語話者が 1-1,000 点で評価(MATLAB というシステムを使用)）

方法：1 回最低 10 分、週最低 4 回、8 週間シャドーイングを練習。

結果：シャドーイングの出来・理解性（comprehensibility）・流暢さ（fluency）が向上、訛り（accentedness）は改善せず。

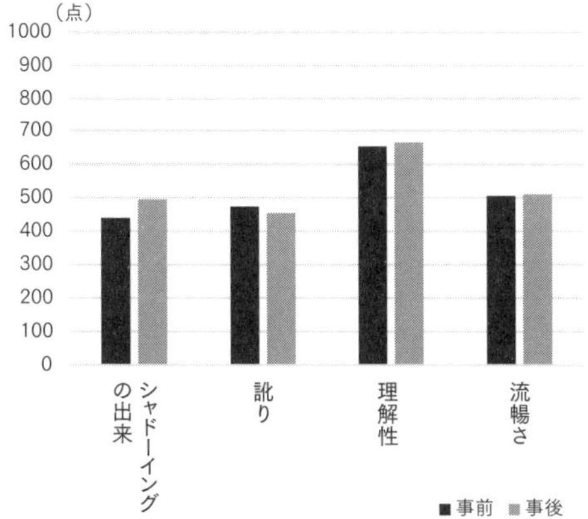

研究⑨

Q：シャドーイングにより発音の理解性（comprehensibility）と訛り（accentedness）にどの程度の変化が見られるか？（Shao, Saito, & Tierney, 2023）

実験協力者：47名の中国の高校生（実験群37名、統制群10名）

題材：〈教材〉3種類の、BBCによる英語の動画

〈テスト〉6文を音読するテストと、4コマの絵を見て内容を説明する問題2つ。（5名の評価者が明瞭性と訛りを1～9の段階で評価）

方法：1回30分を2週間、計12回、シャドーイングの練習を行い、統制群は同じ時間を文法、語彙、ライティングなどの英語学習。

結果：理解性ではシャドーイング群に明確な伸びが見られ、訛り改善においても効果あり（グラフの値はそれぞれの平均）。

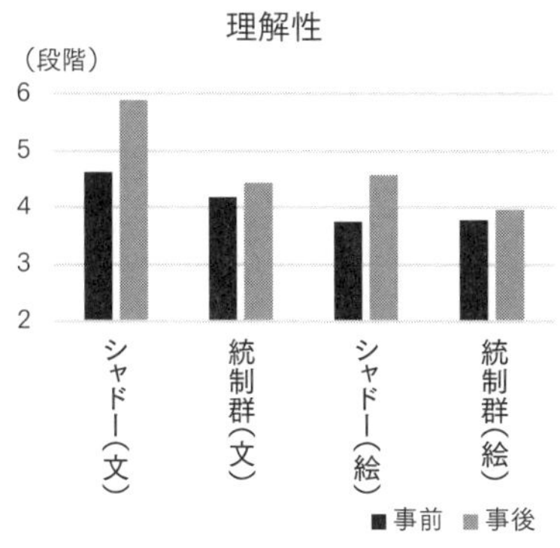

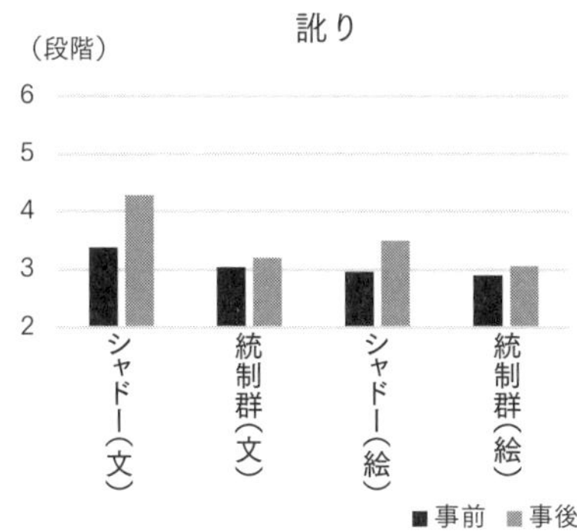

研究⑩

Q：シャドーイングと音読はプロソディに影響があるか？（Mori, 2011）

実験協力者：日本人大学生 20 名

題材：〈教材〉ニュースのビデオ 5 つ（1 つのニュースを 2 つに分割して使用）

〈テスト〉86 語の文章を読み上げる。

5 語と 8 語の 2 文を抽出して音響分析）

方法：1 回約 30 分、週 1 回、計 10 回、シャドーイングと音読の組み合わせで練習。

結果：リズムやイントネーション等において効果が見られた。

学習POINT

研究⑧では、上級者であれば、生の教材を用いてシャドーイングを練習することで発音の改善が期待できることが示されています。研究⑨は、権威ある一流ジャーナルに掲載された最新の論文で、中国人学習者に対して精密に検証した結果、シャドーイングが発音の改善に効果的であったことを示しています。研究⑩は、日本におけるシャドーイングと発音の関係に関する貴重な研究で、シャドーイングと音読を組み合わせています。上級者であってもシャドーイングをするだけでは訛りは改善しにくいため、発音を改善させるためには、個々の音素の丁寧な学習や音読を組み合わせて練習するのがよい方法でしょう。

2-7 シャドーイングの効果が見られる時期

次に、シャドーイングの効果が見られる時期について触れたいと思います。個人差はありますが、シャドーイングをリスニング用に使った場合、1ヶ月くらいで効果が見られるでしょう。先に紹介した実験でも（Hamada, 2016b）、週 2 回の練習（1 回につき 15〜20 分）で約 1 ヶ月後に向上が見られています。一方、発音に関しては、1 ヶ月以上はかかるでしょう。研究⑧の Foote & McDonough（2017）でも、上級者が継続的に取り組んで、約 2 ヶ月後の効果測定で向上が見られています。リスニングと発音の効果が出るまでの期間の違いは、リスニングでは、もともと知っている単語がシャドーイング練習によって聞こえるようになるという比較的単純なプロセスですが、発音の場合は、実際に口を動かして微妙な発音の違いをマスターしていくという過程であるため、プロセスが複雑です。日本人の子供の第一言語発達を考えても、例えば幼児が「サ行」の発音ができるまでには、かなりの時間がかかります。第一言語でも時間がかかるため、外国語であればなおさら、というのは仕方ありません。

2-8 シャドーイングは魔法の方法なのか

ここまでの説明で、シャドーイングを行えば、短期間でリスニング力が飛躍的に向上し、中期で取り組めば発音の改善も見込めるという、英語習得で日本人が苦戦する問題を解決してくれる魔法のような方法だと思ったかもしれません。さて、シャドーイングは果たして万能なのでしょうか？

●シャドーイングの負担感について

シャドーイングを活用して、リスニング力を短期間で向上させるためには、今までうまく使えていなかったボトムアップ処理の機能を最大限に引き上げる必要があります（☞ **2-2**）。シャドーイングは、大脳全体を活性化させる働きがあるため（門田, 2015, p. 215）、練習しているときの脳内は非常に活発になり、効果的であるがゆえに、疲労感も伴います。

スポーツでも音楽でも共通するように、自分の弱点を克服するためには、練習を積み重ねて苦労する過程は必須です。自分の体を鍛える際に、右腕と左腕の力の差が大きいのに、それを考慮しないで練習し続けても、両腕のバランスはよくなりません。バランスをよくするためには、弱い方の腕を集中的に鍛える必要があります。同様に、トップダウン処理とボトムアップ処理のバランスが悪いままリスニングしていても、その差は縮まりません。リスニング力を向上させるためには、2つの処理のバランスをよくする必要があります。

リスニング力の向上以上に、発音改善には時間がかかるため、やる気と継続性が必要です。皆さんにも、多かれ少なかれ話し方の癖はあるでしょう。

もしも長年無意識に行ってきたその癖を直そうとする場合、何が必要でしょうか？　自分で自分を客観的に見て気づくことと、根気よく続けることですね。例えば、「椅子」という単語は、通常、「い」も「す」も同程度の強さで発音すると思いますが、秋田では、「い」を強く発音する傾向があります。「いちご」も同様に「い」を強く発音します。私は大学で上京した際に気づき、直そうとしたものの、今でも気を抜くと「い」が強くなってしまいます。このように、既に自分の中で身についている発音を変えていくのですから、英語の発音改善も決して楽なものではないということは予想できると思います。

●シャドーイングに取り組む心構えについて

これからシャドーイングに取り組もう、英語習得を頑張ろうと思っている方に、上記のようなお話をするのは少し気が引けるところもあったのですが、私は、はじめに包み隠さず説明して、そのうえで取り組んでいただきたいと思っています。その理由は、はじめに「簡単です、誰でもできます」といったような、いわゆる売るための宣伝文句を高らかに宣言してしまい、皆さんがいざ取り組んでからのギャップに幻滅して、効果が出る前に練習をやめてしまうのは、かえって逆効果だと思うからです。決して根性論を主張しているのではなく、「練習は簡単ですぐに効果が出る」と思って始めるのと「ちょっときついけど効果は出る」のとではその先が異なります。

実際に研究でも、シャドーイングを行う際の学習者心理は、必ずしも楽しいだけではない、という報告がされています。

研究⑪

Q：シャドーイングの学習者の心理はどのようなものか？（Hamada, 2011）

実験協力者：日本人大学生 32 名

題材：〈教材〉シャドーイング用教材（玉井, 2004）

〈テスト〉英検過去問題、8 項目のリスニング自己効力感測定質問紙、10 項目のコスト感測定質問紙、26 項目の印象評定用質問紙（6 件法）

方法：1回25分程度、週2回、計8回のシャドーイング練習。事前事後に上記テスト・質問紙実施。

結果：リスニング力、リスニング自己効力感は向上。コスト感と自己効力感の向上の間には負の相関（r=–.62, p < .01）。印象評定による学習者心理は、learner-friendliness（学習者にとってやりやすい）、plainness（簡素である）、uselessness（役に立たない）という、プラスとマイナスが混合した3つの主な要因が挙げられた。

学習POINT

研究からは、シャドーイングは、集中して自分の弱点を克服する練習法であるため、必ずしも楽しい・面白いというプラスの印象だけではなく、マイナスの印象も受けることがわかりました。仮にそう感じたとしても、自分だけではないと捉えて、リスニング力の向上を目指しましょう。一方、リスニングに対する自己効力感もアップするという結果ですので、少なからず自信に対するよい影響も期待できます。

- **シャドーイングにはどんな効果があるのか？**

  初級から中級者にはリスニング力アップ、中級～上級者には発音の改善が主な効果です。

- **シャドーイングとリスニング**

  シャドーイングはリスニングのボトムアップ処理を強化することで、リスニング力全体の強化に効果があります。さらに、リスニング力初級～中級者の伸びが比較的短期間に顕著に確認できます。これらの効果は研究によって確認されています。

- **シャドーイングとスピーキング**

  シャドーイングは、スピーキングの中でも発音の改善に効果があるとされています。既に細かい音を聞き取るためのリスニング力がある程度備わっている人に対しては、発音の複数面での効果が研究によっても確認されています。また、リスニングへの効果は比較的短期間で見られますが、発音へは時間を要します。

● **シャドーイングの心構え**

シャドーイングは、一風変わった練習法ですし、慣れてくると結果が目に見えて明らかになってくるので楽しさを感じることができる一方、負担感も大きいので、やる気と継続性をしっかりと持って練習しましょう。

column

「大きな古時計」

本書では、英語のシャドーイングについて扱っていますが、皆さんは、日本語でシャドーイングをしたことがあるでしょうか？　英語で行うのも難しいですが、実は日本語でも少し難しいのです。

そこで、一つ面白いシャドーイングをしていただきたいと思って、提案します。YouTube で、「大きな古時計　秋田弁」と検索し、それをシャドーイングしてみてください。おそらく、秋田弁の“ネイティブスピーカー”以外の方は、同じ日本語には聞こえず、「??」となるでしょう。有名な歌ですので、歌詞の意味はわかっていても、音と単語がさっぱりわからない、それゆえにシャドーイングも歯が立たないことでしょう（笑）。シャドーイングをせずに、ただ聞くだけでもおそらく大変だと思います。この不慣れな日本語の訛りを真似するためには、まず、それを聞き取る力が必要です。そして、それから発音を真似るという過程を経ます。この章で強調したかったこの２点を実感していただきたく、このお話をしてみました。

第3章 シャドーイングの練習方法

第1章・第2章では、シャドーイングとは何か、そしてその効果について、理論と研究結果を交えて紹介しました。本章では、リスニング力の向上と発音の改善のための練習方法を紹介します。

3-1 シャドーイングの基本型

シャドーイングは、聞こえてきた音声をそのまま繰り返すというわかりやすい練習方法であるため、1人で練習できるのが利点です。実は、シャドーイングにも様々な種類があり、練習する際は、いくつかのアレンジを組み合わせて練習する方がさらに効果的です。はじめに、抑えておくべき5つの基本的なシャドーイングの方法について簡単に紹介します。

Shadowing（シャドーイング）

聞こえてきた音声をそのまま繰り返すというシャドーイングの基本型です。意味は考えずに音声に注意を向けましょう。テキストの文字は見ないで、音声のみで行います。

Mumbling（マンブリング）（門田・玉井, 2017）

Mumbleとは、つぶやくという意味で、上のShadowingの基本型を、小声でつぶやくように行います。新しい教材でシャドーイングを行う際、ウォーミングアップで行うとよいでしょう。

Text-presented shadowing（Kuramoto et al., 2007）
Synchronized reading（シンクロ・リーディング）/ Parallel Reading（パラレル・リーディング）（門田・玉井, 2017）

基本型ではテキストは見ませんが、この方法では、テキストを見ながらシャドーイングします。

Content shadowing（コンテンツ・シャドーイング）（門田・玉井, 2017）

基本型では音声に集中しますが、Content shadowingでは、意味も考えながら行います。

Prosody shadowing（プロソディ・シャドーイング）（門田・玉井, 2017）

プロソディ（強勢・リズム・イントネーション・速さ等）に特に意識を向けて、自分の発音にも注意を向けて行います。

3-2 シャドーイングの準備

シャドーイングの仕組みや効果、基本的な種類については紹介しましたが、実際に何からどのように始めればよいでしょうか。まずは、教材選びからです。教材は、シャドーイングをリスニング力向上を目的として用いる場合と、発音の改善を目的として用いる場合で異なります。

● どんな教材を選ぶべきか（リスニング編）

教材選択の際は、難易度・長さ・音声速度がポイントとなります。難易度は、初見で内容がわかるレベルの教材がお勧めです（門田・玉井, 2017）。つまり、シャドーイングでは、音声に集中するため、知らない単語が入っていたり、難しい内容の教材を使用したりすると、認知資源が分散されてしまうので（☞ 2-3）、音声に集中するために難易度の低い教材を使うのがお勧めです。

しかし、英語の教科書を含め、多くの教材は難易度がやや高めですし、新たに購入せずに今あるものを活用したい人も多いでしょう。その場合は、既に内容を理解している教材を使いましょう。既習の教材であれば、単語も内容も既に知っているので、理論上、初見でわかるレベルの教材に近いと言えます。

この件に関して、シャドーイングは教材を理解する前に行うべきか、理解した後に行うべきかを検証した研究があります。

研究⑫

Q：シャドーイングは、教材を理解する前に行うべきか？（Hamada, 2014）

実験協力者： 日本人大学生 56 名
（事前シャドーイング群と事後シャドーイング群）

題材：〈教材〉 洋書教科書（CEFR：B1-B2 level）やや難
〈テスト〉 13 項目の TOEIC サンプル問題

方法： 週 2 回、計 8 回、事前シャドーイング群は、当日の内容を学習する前にシャドーイング練習を行い、事後シャドーイング群は、復習として行った。

結果： 事後シャドーイング群のリスニング力の点数の方が、向上した。事前シャドーイングの伸びには有意差がなく (平均 6.38 点→ 6.91 点)、事後シャドーイングは有意差を伴い向上した (平均 6.33 点→ 7.17 点)。

学習POINT

上記の「シャドーイングを行うときは既習のものを使うべき」という理論的仮説が、実際にデータとしても示されたことになります。内容がわからないものをシャドーイングし続けるのは心理的にも苦しいですし、知らない単語や表現も気になるため、音声のみに集中することができなくなるでしょう。

この研究結果からも、シャドーイングのために新たな教材を買う必要はなく、自分の持っている教材を使うこともできることがわかります。はじめに、単語と内容を理解して、それから音声に焦点を当ててシャドーイングの練習をしましょう。

次に、長さに関してですが、自分のレベルに合わせて、100 語〜250 語程度の分量で、1 分程度を目安とするといいでしょう。聞いてみてこのくらいならちょっと背伸びすればできそうと思うくらいの分量です。短すぎても負荷が軽すぎますが、長すぎても負荷がかかりすぎるので、自分のレベルに合わせて選びましょう。また、同じ教材を毎日繰り返すよりも、様々なものに触れた方がよいので、異なる教材を毎回使っていくのがお勧めです。例えば、1つのUnitに登場する話が300語程度からなるテキストであれば、初日は前半、2日目は後半、そして次のUnitに進むというイメージです。

音声速度は、最終的に自分が聞けるようになりたいレベルのスピードで最初から練習することが重要です。例えば、TOEICの試験対策で練習する場合は、少なくとも付属CD（あるいは音声データ）の音声速度、できれば1.2倍の速度で練習します。生の英語を聞けるようにしたい場合は、映画やドラマなどの手加減のない速さで話されたもので練習しましょう。

●どんな教材を選ぶべきか（発音編）

発音改善のための教材も、難易度・長さ・音声速度の3つの観点で考えてみましょう。発音に関するシャドーイング研究はまだまだこれからの分野であるため、これら3つの観点に焦点を置いた実証研究は筆者の知る限りありませんが、理論上ある程度の方向性は見えています。

難易度は、発音に集中するためにも、初見でわかるレベルのもの、あるいは内容をしっかり理解し、わからない単語がないレベルのものを選択しましょう。また、音声だけ真似るよりも、表情や話し方全般を真似た方がよいので、動画を選択することをお勧めします。

次に、長さと速度は、無理のない長さと速度のものが適します。目安としては、1分〜1分半程度で、スクリプトを見ながら一緒になんとかついていける（text-presented shadowing）ものがよいでしょう。理由は、リスニング力向上の際と違って、発音改善を目的とする場合は、できるだけそっくり真似してシャドーイングすることを目指すからです。最終的に一言一句丁寧に真似て発音できるようにするため、はじめからスクリプトがあっても速くてついていけないものは避けましょう。そして、リスニング向上を目的とする場合と異なり、様々な教材を使うのではなく、1つの動画をマスターするまで練習するので、自分が好きな教材を選ぶことが重要です。

3-3 シャドーイングの基本練習パターン（リスニング編）

それでは、まず、リスニング力向上のためのシャドーイングから、実際にどのように練習していくのが効果的か、見ていきましょう。

● 基本的な手法

・事前準備

〈目的〉 リスニング力を向上させる。

〈計画〉 最低週2回（できればもっと頻繁に）、1回15～20分程度。1ヶ月程度は集中して高頻度で行い、ある程度英語が聞こえるようになって自信がついたらその後は時々行う。

〈教材〉 初見で聞けばわかるレベルの簡単なテキスト、または内容を既に理解しているテキスト。

〈用意〉 音源・教材のスクリプト・スマホの録音機能アプリまたはICレコーダー。

〈向いている人〉 リーディング力に比べて、リスニング力が劣っている人。英語は読めばわかるのに聞くとわからないという人。

手順

4 

テキストなしで
3回シャドーイング。

意味ではなく音声に集中。1回目でつまずいた部分を2回目に気をつける。3回目はさらに気を付ける。

5 

テキストを見て不安な箇所・うまくシャドーイングできない箇所を確認。

三回やってもうまくできなかったところは特に重点的に。

6 

テキストなしで1回
シャドーイング。

問題が克服できたか確認。

7 

テキストで最終確認。

8 

テキストなしで意味も考えながらシャドーイングして録音。

出来栄えを確認（言えた／言えなかった単語を気楽に確認）。

9 

仕上げに聞いて聞こえ具合を確認。

ステップ1との聞こえ具合の違いを確認！

（門田・玉井, 2004, 2017；Hamada, 2016b, 2017を参考に作成）

● 注意点

この基本練習パターンで重要なのは、聞こえてくる音に最大限集中することなので、意味を考えたり、発音に意識を向けたりしないことです。もちろんうまくシャドーイングできることに越したことはありませんが、全ての単語を言えたかどうかよりも、音声に集中して、単語を聞き取ることが重要です。

そもそも、聞くというプロセスとそれを口に出して復唱するというプロセスは、リンクはしているもののスムーズに連動するわけではありません。特に、第一言語にない音声や特徴は、耳で認知したとしても、口の筋肉が発音する準備ができていないこともありますし、発音の仕方がわかっていてもスムーズに口が動くとは限りません。それゆえに、うまくシャドーイングできなくても落ち込むことはありませんし、このシャドーイングで最も大事な点は耳コピをしようとする過程であり、集中すべき点は、音声です。

シャドーイングを行いながら、集中して脳をフル回転させていくことで、「英語耳」を作る過程は楽ではありませんが、その中で、励みとなるのが、

1と9の手順（pp. 43–44）です。1で聞いたときよりも9で聞いたときの方がはっきりと英文が聞こえ、その日の上達が明確に感じられるはずです。徐々に、最初と最後の聞こえ具合の差がなくなってきますが、それは、耳が鍛えられてきた証拠です。

●適量の練習について

シャドーイングの基本的な練習方法は上記のとおりですが、では、シャドーイングはどのくらい練習すればよいのでしょうか。運動でも学習でも、質だけではなく、適量を練習することは重要です。そんな疑問を解決するために、どのくらいシャドーイングの練習をすればよいかを、リピーティングと比較して、ヒントを与えてくれた研究がShiki et al.（2010）です。

研究⑬

Q：シャドーイングとリピーティングの練習回数と向上の度合いに違いはあるか？（Shiki et al., 2010）

実験協力者：日本人大学生48名（シャドーイング群とリピーティング群）

題材：220語のニュース（1分42秒）（2つに分けて使用）

方法：シャドーイング群、リピーティング群ともに、同じ教材を聞いて、6回ずつそれぞれシャドーイング、リピートをし、音節ごとに正しく言えているかを分析。

結果：両群ともに4~5回ほどで再生率（どのくらい正しく言えているかの割合）の向上は頭打ち。

学習POINT

この研究結果は、1つの教材にどのくらいの練習が必要なのだろうという疑問に対してのヒントをくれました。同じ教材に対して4~5回程度行うと、それ以上の再生率は期待できないため、1つの教材に対しての合計練習回数としての目安は、5回、多くて6回というところでしょうか。リスニング力を向上させるためには、1つの教材を何日も繰り返し使うのではなく、様々なものを幅広く活用しましょう。

●注意点

おそらく、練習が終わると脳が疲労してぐったりすると思います。逆に、全然疲れていないという場合は、負荷が足りません。全神経を集中させて取り組みましょう。あるいは、速度が遅すぎたり内容が簡単すぎたりしている可能性もあります。その場合は、もう少し負荷のかかる教材を使いましょう。または、どの教材でもある程度楽にできるという場合は、既にリスニング力育成のためにシャドーイングに取り組む段階ではなく、その先の段階にあるかもしれません。

●うまくいかないときの対処法

なかなかうまくいかないとき、これでいいのだろうかと悩むことがあると思います。よくある悩みとしていくつか挙げてみます。

① 速すぎてついていけない
② モチベーションが続かない
③ テキストを見ながらであればできるけど、なしだとうまくできない

①については、聞こえているのに、速すぎて口が回らないという場合は、基本的には心配いりません。音声は、最終的に聞き取りたい速度で続けて練習しましょう。リスニング対策にシャドーイングをする場合に重要なのは、神経を集中して音声を聞き、それを復唱しようとするプロセスなので、実際に言えているかどうかは大きな問題ではありません。また、聞けることとそれを復唱することは必ずしも連動しません。ただし、口がついていかないのではなく、速すぎて聞き取れない場合は、速すぎる・テキストが難しすぎる可能性があるので、少しスピードを落とす・テキストを変えるという対処法がよいでしょう。

②については、誰にでもあり得ることです。最初の数回はよいけれど、だんだん飽きてくるというのは、ある意味普通のことです。対策としては、上述の手順1と9でその日の聞こえ具合の成果を実感することです。また、次の日に練習するときは、前日のものを聞いてから開始すると、その聞こえ具合の変化も継続的に気づくことができるでしょう。「なぜシャドーイング

を行うのか。どのような効果があるのか」という点を常に意識して目的がぶれないようにしましょう。「リスニングのどの部分を鍛えていて、どの程度向上しているか」を常に考えていくことがポイントです。

また、リスニング対策としてのシャドーイングは、長期間行うと誰でもモチベーションは低下するでしょう。音声がしっかりキャッチできるようになれば、その培った音声知覚をもとに別のリスニング練習を行ったり、あるいは発音練習へと進みましょう。1ヶ月〜2ヶ月限定などとして、短期集中型で一気にリスニング力アップを試みるのがお勧めです。

③については、①と重複しますが、聞けることと復唱できることは違うので、必要以上に悩むことはありませんが、少し時間に余裕がある場合は、音読と併用する方法もあります。手順5で、内容確認とともに、音読も取り入れて、自信を持って読めるようにしてから手順6に進むという方法もあります。実際、シャドーイングも音読も優れた練習方法ですから（門田, 2015）、うまく組み合わせて試すのはお勧めです。

3-4 シャドーイングの基本練習パターン（スピーキング（発音）編）

次は、スピーキングの、特に発音改善のためのシャドーイング方法を学びましょう。

● 基本的な手法（Hamada, 2021; Foote & McDonough, 2017 を参考に作成）

・事前準備

〈目的〉 細かい音素の発音とプロソディを中心に、発音全体を改善させる。

〈計画〉 週2〜3回（できればもっと頻繁に）、1回15〜20分程度。2〜3ヶ月。

〈教材〉 自分が真似したいスピーチ動画・ドラマのワンシーン等。スクリプト（字幕）が簡単に入手できるもの。はじめのうちは余裕を持って聞き取ることができるものが目安。

〈用意〉 動画のスクリプト・スマホの録音機能アプリまたはICレコーダー。

〈向いている人〉 リスニング力がある程度備わっている中の上〜上級者。

（手順）

発音改善を目的としてシャドーイングを使用する際の基本は、**Prosody shadowing（プロソディ・シャドーイング）**です。見た目は普通のシャドーイングと同じですが、**プロソディ（強勢・リズム・イントネーション・速さ等）**と自分の発音にも注意を向けてシャドーイングします（門田・玉井, 2017）。また、リスニング力の向上を目的として用いる場合は1回ごとに新しい話題を使っていきますが、発音の改善のために用いる場合は、1つの教材をじっくり時間をかけてマスターします。

① 適切な題材を選択する。

- 1つのものを何度も繰り返してマスターすることが目的となるため、自分が「こんなふうに話したい」「これをそのまま覚えたい」という、興味のあるもの・好きなものを選択することが重要。
- オバマ大統領やキング牧師などの有名なスピーチもよい。
- 動画配信サービス（Netflix・YouTubeなど）で字幕のOn/Offが容易なドラマでも可。
- 分量の目安は150〜300語、1〜2分程度。

② 1日あるいは1週間の中で、時間を決めて、定期的に練習する。

- 気が向いたとき、とすると進捗状況が把握しにくいので、週3回、何曜日に行うかなどのパターンを決める。
- 不定期でも継続的に練習時間が確保できる場合は、自分のペースで可。

③ スクリプトを見ながらシャドーイングする。（1〜4週間）

- 一番最初のものを録音する。
- シャドーイングの精度にあまり重きを置かないリスニング対策とは違い、**精度**が重要。
- まずは、スクリプトを見ながら、きれいな発音で動画のスピードについていけるように練習する。
- 定期的に録音して自己分析。毎回つまずく箇所は、その箇所だけ取り出して音読練習を交える。

- 個々の音の発音の仕方が不安な場合は、これを機に勉強するとよい（googleで「英語の会　発音」と検索すると、発音をわかりやすく説明しているサイトが発見できます）。
- 1〜2週間を目安に仕上げる（個々の発音も同時に細かく学習することが必要な人は、1ヶ月くらいをめどに）。
- 日本人の苦手とする /l, ɹ, ð, θ, v/（Saito, 2014）は、最低限マスターする。

④　スクリプトを見ないでシャドーイングする。（2週間〜）

- 最初のものを録音する。
- 週3回、2週間程度が目安（ただし、その期間は、人による）。
- 苦手箇所は徹底的に練習する。
- あたかも自分が話しているかのようなレベルまで練習する。
- 定期的に録音して、動画と比較する。
- AIによる自動音声認識サイトを利用すると面白い（例：https://speechnotes.co/ja/）。

⑤　動画を流してイヤフォンで音声を聞きながらシャドーイングしたものを録画。

- 保存しておくことで、後で振り返ることができる。
- 友達同士で取り組んでいる人は、完成版を見せ合う。

最終的に、選んだ動画をそっくり真似てシャドーイングできればいいので、この基本手順に自分なりにアレンジを加えて、挑戦してみてください。

●練習のイメージ

小学校でリコーダーを習ったと思いますが、曲を仕上げるイメージで考えるとわかりやすいでしょう。まずは、譜面を見ながらスラスラと吹けるようにして、その後、譜面がなくても吹けるように練習したかと思います。シャドーイングも、まずはスクリプトを見てスラスラできるようにして、スクリプトなしでもできるように段階を踏む、というイメージです。

発音に関して、ドレミの音を例にとってもう少し具体的にイメージしてみましょう。ド、レ、ミの音が英語の /r/ や /l/ や /v/ などの１つ１つの音だと考えてみます。ドレミの音がわからない状態で曲を仕上げようとしても無理なのと同じように、英語の発音がわからない状態でスピーチを高いレベルでシャドーイングするのは困難です。そのため、発音の改善を目的としてシャドーイングを練習する前に、ある程度のリスニング力を身につけることは必須です。できればある程度の英語の個々の音に関する基礎知識を学んでから、あるいは学びながら行う方が効果的です。

さて、リコーダーで音を出すときに、#（半音上げる）や♭（半音下げる）の音を出すための、穴の半分程度を抑えて音を出すという少し難易度の高い指の動きに苦労した経験はないでしょうか？　そういう音も、練習を重ね、時にその音だけ集中的に練習することで、徐々に自然に出すことができるようになったと思います。苦手な英語の音も同様に、練習を重ねることでスムーズに発音できるようになるというイメージを持ちましょう。

ドレミの音がわかって音を出せるようになったら、１つの曲を仕上げていきます。発音で言うと、個々の音の発音の知識がある程度身につき、発音できるようになったら、それらをスピーチの中で自然に発音できるように仕上げていきます。そのためには、週１回の練習では足りないでしょう。リコーダーにせよシャドーイングにせよ、必ずうまくできない箇所は出てくるので、そこは重点的に繰り返し練習します。そして、１曲仕上がったときには、リコーダーの技術はその過程で向上していたはずですし、数曲仕上げることでさらに技術が向上していったはずです。シャドーイングによる発音練習も同じようなイメージで行うとよいでしょう。

●注意点

シャドーイングを発音の改善に活用するための前提として、中級以上のリスニング力を身につけていることが理想です。できれば、音素（１つ１つの音）の最低限の知識があるとなおよいでしょう。理由は、細かい音を聞き取る力が要求されますし、少し余裕がないと、注意する要素が多すぎて認知資源がパンクしてしまうからです。

もう１つの注意点は、上級者であっても、自分では正しく発音しているつもりでも、できていない箇所はあります。特に、日本語にない音やイントネーションは苦手とするところです。自分の状態を客観的に把握するために、前述のAIによる自動音声認識サイト（p. 49）などを利用して適宜録音して分析・確認しましょう。

●うまくいかないときの対処法

焦らないことです。リスニング力が不十分なうちに無理して発音改善のためのシャドーイングに挑戦すると、どちらも半端になります。また、発音の改善には時間を要するので、少し練習してうまくならないからといって、諦めないようにしましょう。リスニング力は、リスニングのプロセスを鍛えることで比較的短期間で向上するのですが、発音は、聞き取った音の再現性が重要となるためです。ただし、うまくいっていない理由の把握は必要ですので、以下のよくある悩み3点をチェックしてみましょう。

①　発音の変化が実感できない

変化が実感できないことと、変化が見られないこととは少し異なります。最初に録音したものと途中で録音したものを比較すると変化は実感できるはずですが、変化が見られない場合は、1つ1つの音素の発音の仕方が曖昧になっている可能性があります。スピードについていくことに意識を取られ、なんとなく復唱して、個々の単語の発音が不明瞭である可能性があります。少なくとも、手順の③に記載した日本人に苦手な音はしっかりと発音できるようにし、カタカナ英語のように母音を挿入しないことが重要です（より詳細な発音に関する説明は☞ 2-5）。

②　音声についていけない

選んだ動画が難しすぎる可能性があるので、速度がゆっくり目のものにしましょう。無理なく聞き取れるものが目安です。リスニング力向上のためのシャドーイングと違い、発音の改善を目的とする場合は、耳だけでなく口もついていけるようなレベルのものを選ぶ必要があります。

③　イントネーションの改善が見られない

理由は2つ考えられます。1つ目は、モデル音声に、イントネーションがあまりはっきりしないものを選んでいる場合です。通常の会話よりもスピーチの方が抑揚があり、イントネーションもわかりやすいので、教材選択の際に、その点を考慮に入れるとよいでしょう。2つ目は、イントネーションへの意識が足りない場合です。速さについていくことと、音素への意識は自然と向きますが、徐々にイントネーションへの意識も強くしましょう。スクリプトと動画を分析して、どこを強く読むか・どこを弱く読むかを確認して、音読で練習してからシャドーイングをするとスムーズです。

3-5 シャドーイングのバリエーション

本章では、シャドーイングの基本型に加えて、いくつかの異なるシャドーイングを組み合わせた練習方法を紹介してきました。さらに多くの種類のシャドーイング方法が提案されているので、本章で扱った方法の復習も兼ねて、以下に紹介します。

この節の実際の動画は、以下のサイトから見ることができます。

https://www.9640.jp/books_955/

パスワード：shad55E

カテゴリー	種類	簡単な説明
リスニング用	(1) Shadowing	シャドーイングの基本型
	(2) Mumbling	つぶやきシャドーイング
	(3) Text-presented shadowing	テキストを見ながらシャドーイング
	(4) Pre-shadowing	内容未習のシャドーイング
	(5) Post-shadowing	内容既習のシャドーイング
	(6) Self-monitoring shadowing	録音をして自己チェックするシャドーイング
	(7) Pair-monitoring shadowing	ペアシャドーイング
発音用	(8) Prosody shadowing	プロソディ注目型シャドーイング
	(9) Gesture-shadowing	ジェスチャー付きシャドーイング
	(10) IPA-shadowing	発音記号を見ながらシャドーイング
+アルファ編	(11) Content shadowing	内容に注意しながらシャドーイング
	(12) Selective shadowing	指定した語のみシャドーイング
	(13) Conversational shadowing	会話型シャドーイング
おまけ	(14) Karaoke shadowing	コラム参照

＊（1）（2）（3）（8）（11）は pp. 39-40 参照　(Hamada and Suzuki, 2022 を参考に作成)

（4）Pre-shadowing（事前シャドーイング）

内容を理解する**前**に行うので pre-shadowing（Hamada, 2014）と呼ばれています。シャドーイングの仕方は基本型（☞ 3-1）と同じです。リスニング力の向上を目的とする際は、音声にしっかり集中するために、自分のレベルより易しい教材を使うことが勧められています（門田・玉井, 2004)。Pre-shadowing では、そのような**余裕でスラスラ読める**レベルの教材を使うことで、知らない語や難しい内容に気を取られることがないので、音声に集中し効果的に音声知覚を育成することができます。

（5）Post-shadowing（事後シャドーイング）

内容を理解した**後**で行うので post-shadowing（Hamada, 2014）と呼びます。ほとんどの場合はこのケースになるでしょう。既に内容を知っているので、内容には意識は向けず、音声に集中しましょう。

(6) Self-monitoring shadowing（自己モニタリングシャドーイング）

自分のシャドーイングをICレコーダーやスマートフォンに録音して、それを聞き直して**モニター**するシャドーイングの方法です。通常、私たちが会話をしているときは、自分の発話を無意識に観察しているので、うっかり言い間違ったことを言い直すことができます。ところが、シャドーイングをしている際は自分で自分の発話を客観的に観察することはできないため、録音してそれを復習する形で補うのです（中山・鈴木, 2012)。リスニング用でも発音用でも使うことができます。

(7) Pair-monitoring shadowing（ペアモニタリングシャドーイング）

2人ペアになって、1人がシャドーイングしているのを、もう1人がスクリプトを見ながら、どの単語が言えているか言えていないかを確認するシャドーイング方法です。誤解されがちなのですが、ペアになって一方の読みをもう一方がシャドーイングすることではありません。シャドーイングは通常、Self-monitoringの方が効果的ですが、たまには人と一緒に勉強したい、授業中に取り入れてみたいという場合に用いることができます。

(6)(7)の参考文献：Hamada（2015）；中山・鈴木（2012）

(9) Gesture-shadowing（ジェスチャーシャドーイング）

シャドーイングは、通常、体を動かしながら練習するものではありませんが、リズムやイントネーションを体得するための方法であるRhythm Fight Club Technique（https://vimeo.com/61195605）をシャドーイングに取り入れて行います。この動画の要領で、自分の選んだ教材でシャドーイングをします。

準備として、ある程度シャドーイングで口ならしをして、スクリプトと音声で強弱を分析しましょう。はじめは、その強弱を記入したスクリプトを見ながら、声を出さずにジェスチャーのみで練習をして、次はそのスクリプトを見ながらジェスチャーつきのシャドーイングを練習し、最後にスクリプトを見ないでGesture-shadowingに移行するという段階を経た練習がお勧めです。

(10) IPA-shadowing（国際音声記号 / 発音記号シャドーイング）

通常、シャドーイングをするときはテキストは見ませんが、IPA-shadowing

は、発音記号で書かれたスクリプトを見ながら、シャドーイングを行うことで、細かい個々の発音の自動化を目指します。

発音記号のスクリプトを作る方法は2種類あり、1つ目は、辞書を用いながら、1つ1つの単語を調べて発音記号で書いていく方法です。こうすることで、発音記号の勉強にもなるので、全ての音素を網羅したい人や英語を専門に勉強している人に向いている方法です。2つ目は、ネット検索をしてローマ字のスクリプトを自動で発音記号にしてしまってもよいかもしれません。例えば、「発音記号　自動」と検索すると関連サイトが表示されます。いずれの場合でも、最低限、日本人の苦手とする /l, ɹ, ð, θ, v/（Saito, 2014）は英語のルールに沿って発音できるようにしましょう。

（9）（10）の参考文献：Hamada（2018）

（12）Selective shadowing（選択シャドーイング）

文全部ではなく、一部をシャドーイングすることで、リスニングをするときの注意の向け方の練習をします。通常、私たちが第一言語でリスニングをするときには、話し方、声のトーン、言葉の意味など様々な点に注意を向けながら聞きます。しかし、英語でリスニングをする際は、第一言語の時ほどうまく注意を分散できないため、効率のよい聞き方ができずに内容が理解できないことがあります。

通常のリスニングでは、あらかじめ決めた観点に自分は着目しているつもりでも、実際にそれらが聞き取れているかどうかが曖昧になりますが、selective shadowingでは、あらかじめ決めたものを実際に声に出して繰り返すので、聞き取れているかどうかがより明確にわかります。

例えば、英語のリスニング時には、いつも登場人物がわからなくなる場合は、名前と代名詞にのみ注目してselective shadowingを練習します。そうすることで、自分の注意を強制的に人物に向けさせることができます。他にも、主語と動詞、名前、場所、過去形、進行形に注目するなど、様々なアレンジが可能です。

手順

① 内容を既に理解している題材を選ぶ

② あらかじめ、シャドーイングする箇所を決める。

③ 音声を流す。

④ あらかじめ決めた箇所をシャドーイングする。

（13）Conversational shadowing（会話型シャドーイング）

Conversational shadowingは、シャドーイングの基本型に大きくアレンジを加えた方法で、Murphey（2001）によると方法は3通りありますが、いずれもペアで行います。1つ目は、CDなどの音声をシャドーイングするのではなく、片方のペアの発話をもう片方がシャドーイングします。2つ目は、（12）selective shadowingを利用して、片方のペアの発話または音読に対して、もう片方のペアが一部の語をシャドーイングします。3つ目は、interactive shadowingといって、シャドーイングの基本型定義を超え、リピーティングとシャドーイングの中間のようなイメージになります。片方の発話の一部をシャドーイングして、さらに、質問を返したり、会話をしたりしているようにシャドーイングをします。会話の中でシャドーイングを行うので、上級者向きです。**重要な点を即座に繰り返す**ことを強く意識し、即興キャッチボールの流れで行います。

[例] A：I went to a big supermarket yesterday near the station.

B：big supermarket?

B：Which one did you go to?

A：I went to Akita supermarket.

B：oh, Akita supermarket.

手順

① ペアを作る

② Aが話す。Bは、文全部または一部を、シャドーイングする。

③ Bは、さらに、会話をしているように、質問を適宜加える。

④ Aはその質問に答える。Bは、その答えを短ければ全部、または一部をシャドーイングする。

⑤ ②～④の繰り返しでシャドーイングと会話を組み合わせる。

（12）（13）の参考文献：Murphey（2001）

まとめ

本章では、はじめにシャドーイングの基本型として、お勧めの5選を紹介し、それを基にリスニング力向上・発音の改善のそれぞれの目的に合った練習パターンを提示しました。それぞれ、基本手順をもとに、3-5で示したバリエーションも参考にして各自でアレンジを加えて練習してみてください。リスニング力向上については、比較的効果は早く出てくることが多い一方、発音改善については、効果が出るまで時間がかかります。

column

「Karaoke shadowing」

Karaoke shadowingの紹介をします。Karaoke shadowingは私が勝手に命名しているものですが、皆さんが気に入った曲を覚えるときにほぼ必ずと言っていいほど行っていることです。気に入った曲は、何度も聞くうちに自然と口ずさむようになりますが、全部の歌詞はまだわからないので、歌詞を聴きながら同時に歌うようになりませんか？

この過程は誰もが無意識に行っている「歌を使ったシャドーイング」です。日本語で、1つの歌をマスターするまでの過程を考えてみましょう。歌詞をあまり覚えていないので、小声で歌い始め（mumbling)、歌詞を覚えたら、意味も考えながら歌うでしょう（content-shadowing)。途中で、何と言っているかどうしてもわからない箇所は歌詞を見るでしょう（内容理解チェック)。歌詞も覚えて効率的に覚えたいときは歌詞を見ながら一緒に歌うでしょう（text-presented shadowing)。そして、カラオケでは、ボーカルの声なしで、表示される歌詞を見ながら歌うでしょう。このように、日本語の歌を歌えるようになるために、自然といくつものシャドーイングの方法を取り入れ、本章で紹介した基本練習と似たパターンを経験しているのです。

英語の曲も基本的には日本語と同じです。異なる点は、英語の場合は、英語を聞く力（音声知覚）と正確な発音が、日本語のようには自動化されていません。その点で、日本語で歌を覚えるのと同じようにスムーズにはいかないかもしれませんが、むしろその過程が、本質的な意味での英語習得練習となるはずです。特に、発音の観点から見ると、日本語のリズムで歌うと必ず失敗します。英語は、拍の言語ですから、日本語と違って1拍の中に入れる単語数はその時々で異なります。余計な母音をつけて発音すれば、リズムに間に合わなくなります（☞**2-5**)。

本章で紹介したリスニング練習・発音練習の基本パターンは、Karaoke shadowingにもアレンジできるので、少し気軽に、そして根気よく好きな英語の曲をマスターしてみてください。

第Ⅱ部
英語シャドーイングの実践

第4章 小学校英語での シャドーイング

本書の第3章までは、シャドーイングとは何か、そしてその効果と活用方法を理論とデータをもとに説明してきましたが、第4～7章では、小学校・中学校・高校、そして大学のそれぞれで行われる教育という、主に教員からの目線でシャドーイングの活用法について考えていきたいと思います。

シャドーイングの基本的役割ですが、小学校段階では、リスニング力の向上と発音の習得を促進する補足的な役割を担い、中学校段階では、発音の改善よりもリスニング力の向上を促進する役割を担い、高校・大学では、実態とニーズに応じてリスニング力・発音の改善を促進する役割を担います。

4-1 第二言語習得の発達段階における位置づけ

はじめに、小学生と、中学生以降の英語学習で最も異なる点を、言語習得の発達段階の視点から考えます。言語習得論では、「言語を完全に習得する能力は人生の初期のある一定の期間にのみ機能する」（白畑他 , 2011, p. 82）という Krashen の提唱した臨界期仮説（Critical Period Hypothesis）が存在します。臨界期以降の第二言語習得は、意識的かつ明示的に行われ、その能力については、個人差が大きいと言われています（中野他, 2015, p. 351）。この仮説については、多くの学者が議論を重ねてきており、5才あたりという主張から13才あたりという主張まで、実際にその年齢がいつなのか、明確な答えは示されていません（白畑他, 2011, p. 82）。筆者自身は、これまで接してきた英語学習者と自身の経験から、小学校高学年から中学校に入学する時期が、それに当たると考えています。英語を教える上で重要なのは、臨界期が明確に何歳から何歳までということではなく、そのような概念が存在するということを考慮に入れた上で指導を行うことでしょう。

筆者は、この臨界期ギリギリに当たる小学校英語教育の時期における英語の音声学習は非常に重要であると考えています。多くの人は、日本語にはな

い /r/ の音と日本語に存在する音に近い /l/ の音の違いや、/b/ と /v/ の違いに苦労することが多いのですが、早くから英語を学ぶことによって、その苦労が軽減される可能性が高いからです。

4-2 学習指導要領における位置づけ

2023 年現在、小学校における教科としての英語は、5、6 年生で行われ、3、4 年生では外国語活動として始まっています。それでは、学習指導要領で示されている目標と、シャドーイングの位置づけに関して、考えてみましょう。

小学校での外国語科の目標は以下の通り設定されています。英語は、自分の考えを伝え合うコミュニケーションを行うためのものであり、場面や状況を考えた言語使用と音声を重視して積み上げていくという方向性がうかがえます。

> 外国語によるコミュニケーションにおける見方・考え方を働かせ、外国語による**聞くこと，読むこと，話すこと，書くこと**の言語活動を通して，コミュニケーションを図る**基礎**となる資質・能力を次のとおり育成することを目指す。 (p. 67)

そして、3 本柱である「知識及び技能」「思考力、判断力、表現力等」「学びに向かう力、人間性等」については、以下のように 3 つの目標が設定されています。

> (1) 外国語の**音声や文字，語彙，表現，文構造，言語の働き**などについて，日本語と外国語との違いに気付き，これらの知識を理解するとともに，読むこと，書くことに慣れ親しみ，聞くこと，読むこと，話すこと，書くことによる**実際のコミュニケーションにおいて活用できる基礎的な技能**を身に付けるようにする。 (p. 69)

(2) コミュニケーションを行う目的や**場面，状況**などに応じて，身近で簡単な事柄について，聞いたり話したりするとともに，**音声で十分に慣れ親しんだ外国語の語彙や基本的な表現**を推測しながら読んだり，語順を意識しながら書いたりして，自分の考えや気持ちなどを伝え合うことができる基礎的な力を養う。 (p. 71)

(3) 外国語の背景にある文化に対する理解を深め，他者に配慮しながら，主体的に外国語を用いてコミュニケーションを図ろうとする態度を養う。 (p. 72)

（以上、小学校学習指導要領（平成 29 年告示）解説より一部抜粋及び太字加工）

シャドーイングは、どの部分に貢献できるのでしょうか？　シャドーイングの機能はリスニング力と発音の改善ということから考えると、大枠では聞く・話すことへの貢献になります。また、知識及び技能・思考力、判断力、表現力等・学びに向かう力、人間性等の中では、「知識及び技能」において貢献ができそうです。さらに、コミュニケーションを行う目的や場面・状況などを意識した教材にシャドーイングを活用することで、場面・状況に応じたコミュニケーション力の育成にも間接的に効果を発揮すると考えられます。特に、デジタル教科書を使って、会話をしている場面をシャドーイングすることで、英語を使ったコミュニケーションを図る態度の育成にもつながると考えられます。

4-3 小学校でのシャドーイングの使い方

本書を執筆している 2023 年現在、英語が教科として教えられているのは小学校 5 年生からですので、5、6 年生でどのように活用できるかを考えてみましょう。一方で、既に 3、4 年生から外国語活動が始まっていることを考えると、いずれは、あるいは既に、これらの内容の一部は 3、4 年生の授業でも活用できるとも考えられます。

●基本方針

「楽しめるように自然な形で」「発音の習得を目的として」「既習教材を使って短時間で」という3つの提案をしたいと思います。シャドーイングは負荷のかかる比較的重い活動であるため（☞2-8)、生き生きと英語を学習することが重要な小学校段階で、そのシャドーイングの本質を前面に出すのは逆効果となる恐れがあります。逆に、真似したい対象をそっくりそのまま真似るというシャドーイングの利点を効果的に取り入れることで、リスニング力の向上や分かりやすい発音の習得、コミュニケーション態度の育成が期待できます。

●評価

【評価は最小限に】

シャドーイングは、音声知覚の向上と発音の習得という言語のプロセスを鍛える練習方法であるため、目に見えた成果はすぐに表れるものではありません。そのため、シャドーイングの出来栄え自体は評価しない形で、基本的には評価は最小限にとどめるのがよいでしょう。それでは、どのような観点からの評価が適切かを、『「指導と評価の一体化」のための学習評価に関する参考資料　小学校　外国語・外国語活動』の、「話すこと［やり取り］」の場合」(pp. 41–42) をもとに、考えてみましょう。

【単元の評価規準の達成に貢献】

方向性としては、シャドーイングの活動状況を評価するのではなく、その単元で設定する評価規準の達成に、シャドーイングを手段として活用するのが自然です。例えば、以下の【「話すこと［やり取り］」の評価規準の設定例】において、知識・技能の評価項目としての「身の回りの物を表す語や、I like/ I want ... の表現について理解している」という規準については、シャドーイングを行うことで、既に理解しているこれらの表現の定着を促進することができると考えます。つまり、シャドーイングを行う前にこれらの表現は理解できており、シャドーイングを練習する中でさらに理解の定着が促進されるという考え方です。また、知識を評価する項目「(これらの表現を用いて) 考えや気持ちなどを伝え合う技能を身に付けている」については、実際の会話が見られるデジタル教材を用いてシャドーイングを活用することで、英語を使った模範的な伝え方を身につけることが期待できます。その結果として、I like/I want（簡単な語句や基本的な表現）を使って自分のことについて相手に伝えようとする「主体的に学習に取り組む態度」を育む一役を担うことにもなるでしょう。

【「話すこと[やり取り]」の評価規準の設定例】

	知識・技能	思考・判断・表現	主体的に学習に取り組む態度
評価規準（設定例）	＜知識＞ 身の回りの物を表す語や，I 言語材料 like/want/have～．, Do you ～?, What do you ～? の表 現について理解している。 ＜技能＞ 自分や相手のことについて，身 事柄・話題 の回りの物を表す語や，I 言語材料 like/want/have～．, Do you ～?, What do you ～? を用 いて，考えや気持ちなどを伝え 内容 合う技能を身に付けている。	新しくやってきたALTのことを 目的等 理解したり自分のことを伝えた りするために，自分や相手のこ 事柄・話題 とについて，簡単な語句や基 本的な表現を用いて，考えや 内容 気持ちなどを伝え合っている。	新しくやってきたALTのことを 目的等 理解したり自分のことを伝えた りするために，自分や相手のこ 事柄・話題 とについて，簡単な語句や基 本的な表現を用いて，考えや 内容 気持ちなどを伝え合おうとして いる。

（国立教育政策研究所, 2020a, p. 42 から抜粋・網掛けは筆者による）

もう少し具体的に考えてみましょう。上掲書の「「聞くこと」・「話すこと［やり取り］」に焦点をおいた単元の指導と評価の計画」(pp. 46-49) の「話すこと」に該当する場所を次ページに示します。

「相手のことをよく知るために、誕生日などについて短い話を聞いて、具体的な情報を聞き取っている」(p. 48) という評価項目を設定した場合、シャドーイングをする様子を観察しても、この評価項目にはつながりません。しかし、シャドーイングを通して習得が促進された表現や聞き取り能力のおかげで、この評価項目を達成することにつながる可能性はあります。「誕生日や好きなもの、欲しいものなどについて尋ねたり答えたりして伝え合っている」(p. 48) という、話すことの評価項目も同様に、シャドーイングを通してデジタル教材に登場した人物の話し方や発音を習得した結果、自分がやり取りする際に生きる、という期待ができます。

このように、シャドーイングに対する取り組みは直接評価に反映するわけではないため、各単元で設定した評価項目を達成するための手段の一部としてシャドーイングを活用することが自然だと考えられます。

	○Let's Read and Write ○Sounds and Letters（Z, G, D, B）				
5	◆相手のことをよく知るために，誕生日などについて短い話を聞いて，具体的な情報を聞き取ったり，誕生日や好きなもの，欲しいものを尋ねたり答えたりして伝え合ったりすることができる。また，活字体の大文字を書くことができる。				
	【Let's Chant】When is your birthday? p.13 【Let's Watch and Think 4】p.15 ・デジタル教材を再度，視聴し Gilbert について分かったことをテキストに書く。 （Small Talk：欲しいもの） ○メモリー・ゲーム 【Activity 2】p.16 ・プレゼントしたいものの絵を描いてバースデーカードを完成させる。 **［児童の学習改善のためのポイント例］** よいやり取りの例の紹介を聞いて，次の【Activity 2】に向けて自分はどうかという見通しをもつ。 ○カードを作ろう。 【Let's Watch and Think 5】p.15 ・デジタル教材を視聴して Laksh について分かったことを，テキストに書く。 ※教材の登場人物は，児童と同じ5年生であり，児童とともに1年間成長する設定となっている。さらに，単元での学習を重ねながら，児童が登場人物について理解を深めることで，各単元の内容が理解できる設定となっている。 ○Sounds and Letters（O, J, C, P）		聞	聞	本時では，［話すこと［やり取り］］については，記録に残す評価は行わないが，目標に向けて指導を行う。児童の学習状況を記録に残さない活動や時間においても，教師が児童の学習状況を確認する。 **［教師の指導改善のためのポイント例］** 前時の「○指導者の話を聞く」活動において，聞き取りが不十分な児童がいる場合は，その児童の状況を見ながら活動を進め，聞き取りができるよう継続的に指導を行う。また，欲しいものを聞き取れずに紙面に書けていない児童がいる場合は，ST を設定し，何が欲しいか尋ねたり，答えたりするようにする。 **［「聞くこと」の記録に残す評価］** ◎相手のことをよく知るために，誕生日などについて短い話を聞いて，具体的な情報を聞き取っている。〈行動観察・テキスト記述分析〉 ◎相手のことをよく知るために，誕生日などについて短い話を聞いて，具体的な情報を聞き取ろうとしている。〈行動観察・テキスト記述分析〉 ・児童が聞き取る様子やテキストの記述を分析し，評価の記録を残す。
6	◆自分のことをよく知ってもらったり相手のことを知ったりするために，誕生日や好きなもの，欲しいものなどについて尋ねたり答えたりして伝え合うことができる。また，アルファベットの活字体の大文字を書くことができる。				
	○Small Talk：好きなもの，欲しいもの 【Let's Chant】p.13 When is your birthday? 【Let's Watch and Think 6】p.16 ○Let's Read and Write 【Activity 2】p.16 ・バースデーカードの相手を探し，他者に配慮しながらカードに書かれていることについてやり取りする。 【STORY TIME】① p.17 ○Sounds and Letters（S, Q, U, R）	や			**［教師の指導改善のためのポイント例］** 「話すこと［やり取り］」は，「聞くこと」ができていることが前提となるため，前時までに聞き取りが不十分な児童がいる場合は，LW&T6 を複数回視聴させ，誕生日や好きなもの，欲しいものなどについて聞き取らせたり，数名の児童に全体で尋ねたりするなどしてやり取りの例を示し，児童が自信をもって ACT2 でやり取りを行えるようにする。 **「話すこと[やり取り]」の記録に残す評価］** ◎誕生日や好きなもの，欲しいものなどについて尋ねたり答えたりして伝え合っている。〈行動観察〉 ・児童が伝え合う様子を観察し，評価の記録を残す。 **［教師の指導改善のためのポイント例］** ACT2 においてやり取りが不十分な児童がいる場合は，STIME で読み聞かせをした後，教師が誕生日や好きなもの，欲しいものなどについて，その児童とやり取りを

（国立教育政策研究所，2020a, p. 48 を一部変更・網掛けは著者による）

4-4 具体的方針の提案

提案① 楽しめるような自然な形で取り入れる

シャドーイングは、聞いてほぼ同時に復唱するという性質上、非常に負荷がかかります。そのせいで英語嫌いになることを避けるためにも、小学校英語でシャドーイングを活用する際は、できるだけ児童がプラスのイメージを持ちながら取り組める工夫をすることが重要です。中学校以降では、文字も明確に指導されることに加え学ぶ内容も濃くなり、シャドーイングを練習という位置づけで取り入れることが多々ありますが、小学校ではそうではなくできるだけ自然な形で取り入れましょう。

例えば、「今から3回シャドーイングをします」と明言してしまうと、シャドーイングすることが目的になるので、そうではなく「登場人物のようにそっくり言えるようにやってみよう」という指示で、活動に取り組むことが結果的にシャドーイングを行っている形になるのが理想です。

提案② 発音の習得を目的として行う

第3章まで、シャドーイング活用の原則は、基本的にはリスニング力育成を目的とし、リスニング力が高い学習者に限って発音の改善のためにも活用することができると提案してきましたが、小学生の耳には、驚くほどの柔軟性があるため、その原則を拡大することができます。例えば、中学校・高校では、音声に続いてその単語を発音する際、日本語の影響でカタカナのように発音する生徒が多いのですが、小学生の場合、英語らしくそのまま発音できる可能性も高まります。既に日本語の発音で固まっている大人の英語学習者と違って、小学生は、英語の音にたくさん触れることで自然に真似することができる年齢ですので、音を聞き取り、それを発音するという2つの側面の向上が期待できます。

提案③ 内容を理解したものを使い、1回の取り組みは10分以内で

45分の授業時間の中でシャドーイングに割く時間は5分から10分とし、毎回自然に少しずつ積み重ねていきましょう。3-4で、シャドーイングを発音改善に活用する際は、1つの教材をマスターするまで時間をかけるという

基本方針を提案しましたが、言語発達段階が異なる小学生に対しては、その原則は当てはまらないでしょう。

また、未習の内容をシャドーイングするのは避け、内容や表現を理解した後で行いましょう。会話文であれば、登場人物を真似しやすくなりますし、簡単な文であっても、既に知っている内容と単語の方が心理的負担も少なく、楽しんで行うことができる可能性が高まります。

4-5 実践的活用方法

実際にどのように取り入れるかについて、3つ例を提示します。気をつけるべき点として、シャドーイングとリピーティングは全く別物ですので（☞ 1-2）、混同しないようにしましょう。シャドーイングは、音声をそのままほぼ同時に繰り返す活動で、音声は区切りません。一方、リピーティングでは、音声は1つのかたまりごとに区切ってポーズを入れ、そのポーズの間に児童が繰り返します。例えば “Yesterday I had dinner with my grandparents.” は、シャドーイングでは1文そのままほぼ同時に繰り返しますが、リピーティングでは、まず Yesterday で音声を止めて児童が繰り返し、I had dinner で止めて児童が繰り返し、最後に with my grandparents を流して、それを繰り返します。

(1) 歌やチャンツ：「一緒に歌おう」

www.9640.jp/books_955/

どの教科書にも英語の歌やチャンツが収録されていると思いますが、ここでシャドーイングを取り入れるのが自然かつ効果的だと考えられます。

文字（歌詞）について

綴りの指導を強調する必要はありませんが、歌詞も表示されている場合は、時々歌詞を見ながら行う程度にすれば、負担なく自然に取り組めるでしょう。

手順

① まずは歌を聞いてみる。
② 歌の音声と一緒に口ずさんでみる。
③ 再度一緒に口ずさんでみる。
④ 歌詞を見ながら音声と一緒に歌う。
⑤ 様子を見ながら、言えない箇所があればそこを取り上げて説明したり練習したりする。
⑥ 歌詞を見ないで音声と一緒に歌う。

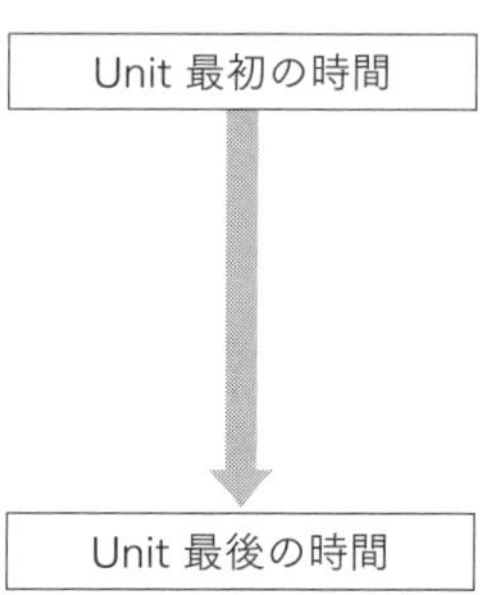

指導POINT

文字を見ないで、歌を聞きながら一緒に歌うことを目的とすれば、「シャドーイングをする」のが目的ではなく、結果的にシャドーイングをすることになります。自然な形で音の聞き取りと発音が両方鍛えられることになります。その際の指示は、はじめのうちは、「一緒に歌おう」でよいのですが、繰り返し歌うと徐々に歌詞も覚えて、シャドーイングではなく自分の声を歌にかぶせてしまったりし始めるので、徐々に「細かい音までよ〜く聞いて一緒に歌ってみよう」という指示にします。そうすることで、音声を聞いて復唱するというシャドーイングの原則を保ちながら、歌うことができます。

⑵ 会話文にて：「全部真似しよう」

歌の他に、シャドーイングを自然に取り入れる方法は、教科書の中で登場人物が会話をしている場面を選んで、音声と一緒に真似してみることです。できればデジタル教材で、会話を見ながら取り組める場面を選びましょう。

文字について

自然な形で教科書を参照するのは結構ですが、文字を見ながら常に練習してしまうと、耳から聞くというシャドーイングの利点が生かされません。文字はあくまで補助的な扱いです。

(手順)

① 選択したデジタル教材の画面を見て、話し方や雰囲気を見る（聞く）。内容理解もする。

② 登場人物になりきって、聞こえたまま同時に真似してみる（シャドーイング）。

③ 音声を流しながら、ペアでAとBの役割の部分を担当。2回目は交換。

・ 全体で一斉に練習する場合は、Aさん役はこの列とこの列、Bさん役はこの列とこの列、と役割を分けて練習する方法もある。

・ 登場人物が3人以上であれば、班で行うこともできる。

指導POINT

「どんな雰囲気で、どんな感じで会話をするかよく聞いて身振り手振りも全部一緒に真似してみよう」という指示をすれば、自然と登場人物の話し方や発音に注意が向きますし、英語コミュニケーションの態度の育成にもつながります。さらに、ペアやグループを作って、会話に登場する人物ごとに児童の役割も分けて、それぞれが自分の担当の登場人物になりきってシャドーイングをしてみるという方法もあります。その際、「観察役」を児童にわりふり、意見を言わせるようにしたりすると、グループ内での違った刺激や学び合いが生まれます。

［例］Takuya と Sakura の卒業式に関する会話

Takuya : Next month, we have a graduation ceremony!
Sakura : Yes, 6 years were so short. I am happy but I am a little sad.
Takuya : Why are you sad?
Sakura : Because we say Good-bye to teachers.

Takuya　: Yes, I think so too. I like all the teachers.

Sakura　: Maybe we can buy a present for them! What do you think?

Takuya　: That's a good idea!

先生：みんな、もうすぐ卒業式だね。Takuya と Sakura の会話をもう一度観て（聞いて）感情を込めて練習してみよう。

児童：（視聴する）

先生：じゃあ、Takuya と Sakura の真似をして一緒に話してみよう

児童：（シャドーイングする）

先生：もう少し感情を入れてみようか。例えば happy は元気そうに、でも sad は悲しそうに言っているよね。もう一度やってみよう。

児童：（シャドーイングする）

先生：じゃあ次は、窓側と廊下側の人は Takuya、ほかの人は Sakura をやってみよう。

児童：（各自の役で、シャドーイングする）

先生：最後に、ペアでやってみよう。黒板に向かって左の人は Takuya、右の人は Sakura でやってみよう。

児童：（ペアでシャドーイングする）

⑶ ナレーター文にて

教科書の中には、ナレーターや登場人物が1人で話をする場面もあります。そのナレーターや登場人物の真似をしてみようという形で、シャドーイングを取り入れる方法もあります。

文字について

⑵と同じく、自然な形で教科書を適宜参照・活用するという扱いです。

手順

①「普段は会話中心に練習しているけれど、1人で話す場面も練習してみよう」と説明する。

② 一度観る（デジタル教材）、または聞く（CD等）。

③「ナレーターになりきって真似をしてみよう」と指示する。

④ 先生が音声を流して各自シャドーイングする。

⑤ 全体がうまく言えていない部分を抜き出して、説明したり練習したりする。

⑥ 再びシャドーイングする。

指導POINT

ナレーター文では、デジタル教材の動画がなく音声のみの文でも活用できます。その際は、ナレーターや登場人物のようになりきって話すことが目標です。また、既に内容がわかっている教材を使います。

［例］山田先生が、児童に、この時間は外に行ってサッカーをしようと説明している場面

Good morning, everyone. How are you? Today, we are going to have fun. I know you like playing soccer. It's good weather today. It is sunny. So, in this class, let's go to play soccer!

先生：「いつもは、誰かと誰かが会話をしているところを真似して練習しているけど、たまには、登場人物が1人だけの場面でもやってみよう」

先生：「もう一度、この場面を聞いてみよう。山田先生はどういう話し方をしていたかな？　細かいところまでじっくり聞いてみよう」

児童：（聞く）

先生：「今度は、山田先生になったつもりで、一緒に同時に話してみよう」

児童：（シャドーイングする）

先生：「みんな、ちょっと感情がこもっていないなぁ。山田先生は、Good morning も let's go to play soccer も元気よく言っているよね。ほかにも強く言っている言葉があるから、そこにも気をつけてやってみよう」

児童：（シャドーイングする）

4-6 チェックポイント

小学校でのシャドーイングの活用では、シャドーイング自体の直接的評価は適しませんが、シャドーイングを取り入れる際の確認ポイントはあります。本章をまとめる形で表を示しているので、活用の前後で確認してみましょう。

目的	活用方法	教師の指導ポイント	児童の観察ポイント
聞き取りと発音	歌やチャンツ	シャドーイングすることを強調せず、一緒に歌おうと指示。皆がつまずく箇所は指導。	聞いて、できるだけ忠実に歌えるか。
英語の会話の雰囲気及び発音の体得	会話文をシャドーイング	全体の雰囲気を、登場人物になりきってシャドーイングさせる。 できるだけ楽しみながら。	会話の雰囲気で復唱できているか。特にイントネーションや感情もうまく真似できているか。
英語の話し方及び発音体得	ナレーター文をシャドーイング	ナレーターになりきってシャドーイングさせる。	単語だけでなく抑揚までなりきりシャドーイングができているか。

まとめ

小学校英語でのシャドーイングの役割は、メイン活動ではなく、補助活動と捉えて、できるだけ自然な形で取り入れましょう。評価は最小限にして、その日・単元の目標を達成するための手段の一つとして活用します。活用の目的は、小学生の柔軟性を生かして、発音強化や英語の話し方の雰囲気・リズムやイントネーション・語彙を体得するということが考えられます。その結果、リスニング力も強化されるはずです。シャドーイングを厳しいノルマとするのではなく、楽しんで取り組めるような活動の１つとして活用できれば、自然な形で児童に染み込むでしょう。

第5章 中学校英語でのシャドーイング

5-1 第二言語習得の発達段階における位置づけ

第二言語習得の発達段階において中学校の英語学習に影響するのは、年齢的要因と、小学校での英語学習の要因が考えられます。既に臨界期（☞ 4-1）を迎える時期、あるいは過ぎている時期ですので、小学生と比較すると音声においての柔軟性はなくなってきています。その一方で、小学校で英語に触れてきていることから、英語の音声に対してのある程度の素地はあると考えられます。

5-2 学習指導要領における位置づけ

小学校では、コミュニケーションを図る基礎となる資質・能力を育成することが明示されていましたが、中学校での外国語科における目標は、以下のようになっています。シャドーイングがどのように貢献できるか考えてみましょう。

> 外国語によるコミュニケーションにおける見方・考え方を働かせ、外国語による**聞くこと**，読むこと，**話すこと**，書くことの言語活動を通して，簡単な情報や考えなどを理解したり表現したり伝え合ったりするコミュニケーションを図る資質・能力を次のとおり育成することを目指す。
> (p. 10)

（『中学校学習指導要領（平成29年告示）外国語編』解説から一部抜粋及び太字加工）

外国語科の目標として重要なことは、「簡単な情報や考えなどを理解したり表現したり伝え合ったりするコミュニケーションを図る資質・能力」を育成することであり、「知識及び技能」、「思考力、判断力、表現力等」、「学びに向かう力、人間性等」にかかわる外国語特有の資質・能力を育成する必要があるとされています（p. 10）。

その上で、英語における目標及び内容は「聞くこと・読むこと・話すこと［やり取り］・話すこと［発表］・書くこと」の5つの領域別に設定され、小学校で培ったコミュニケーションを図る基礎力をもとに、中学校ではさらに5領域においてその力を高めていくことが目標です。この5領域で、中学校段階で最もシャドーイングが貢献できるのは聞くこと、また、話すことにも一部役立つと筆者は考えています。

小学校段階では、年齢的に、言語、特に音声に対する柔軟性があるため、話すことにも積極的な影響が考えられましたが、臨界期を過ぎようとしている中学生にとっては、リスニングに苦労し、それゆえに発音はもっと難しいという現実があるように思えます。小学校で全員が音声に慣れ親しみ、明確に音声を聞く力及びわかりやすい発音を身につけていれば話は別ですが、現実は、中学校入学段階で既に生徒に英語力の差が見られ、中には英語に対して苦手意識を持っている生徒も見受けられるのではないでしょうか？　そのため、シャドーイングを活用する際は、聞く力の育成を主たる目的として、可能な範囲で話す力を強化するのが無理のない方向性だと思います。

それでは、学習指導要領での「聞くこと」の目標を確認してみましょう。

(1) 聞くこと

ア　はっきりと話されれば，日常的な話題について，**必要な情報を聞き取る**ことができるようにする。

イ　はっきりと話されれば，日常的な話題について，話の概要を捉えることができるようにする。

ウ　はっきりと話されれば，社会的な話題について，短い説明の要点を捉えることができるようにする。（pp. 18–20）

（『中学校学習指導要領（平成29年告示）外国語編』解説から一部抜粋及び太字加工）

アが、シャドーイングが一番役に立つ分野ですが、小学校との違いは、ゆっくりという条件がなくなり、より自然な英語を聞いて必要な情報を聞き取ることが強調されている点です。シャドーイングにより、ある程度のスピードで個々の音声を聞き取る力（ボトムアップ処理）が育成され、その結果として、必要な情報を聞き取ることができることにつながります。

イとウについては、リスニングにおけるボトムアップ処理を基礎にした、その先の力となります。シャドーイングは、ボトムアップ処理を鍛え、音や単語などの細かな情報の聞き取りを強化するものですので、シャドーイングにより直接的に話の概要や要点を捉える力がつくものではありません。しかし、音や単語の単位での聞き取り力がつくことによって、話の概要や要点を捉えることにつながるという考え方です。

話すことについては、他者とのコミュニケーションを目的として、即興で対応することや自分の考えや気持ちを伝えたりすることが求められているため、シャドーイングが直接的に役立つのは少し難しいと思います。しかし、自分の考えや気持ちを相手にわかりやすく話すことは、非常に重要ですので、その観点では効果が期待できます。つまり、イントネーションや抑揚、また、話すときの雰囲気などをシャドーイング練習を通して体に染み込ませることで、間接的に役立つはずです。

5-3 中学校でのシャドーイングの使い方

中学校では、小学校での基礎的内容の定着を前提として、学習内容がぐっと濃くなります。特に2021年の改訂後の教科書は、学習内容も深みを増しています。このような中で、生徒がどのような問題に直面するのか、そして、シャドーイングがどのようにその手助けとなるかを考えていきたいと思います。

●基本方針

小学校での、音声を重視し生き生きとした英語を学んできている流れを受けて、1年生では、会話を真似しながら発音とリスニング力の向上を意識したシャドーイングを行うとよいでしょう。2年生では、徐々に学習内容が濃くなりリスニングの得意不得意が分かれてくることから、リスニング力向上を意識して定期的に練習するとよいでしょう。3年生になると、さらにはっきりと得意不得意も分かれ、高校受験を控える場合が多いので、状況に応じて集中的に用いたり個に応じた対応として課したりすることも考えられます。

また、電子黒板・デジタル教科書等、デジタル化が急速に進んでいるので、今後は、家庭学習では基礎力の育成、授業中には発信力を鍛えるという流れが加速すると思います。シャドーイングは、前者の基礎力育成に当たるので、時代の変革とともに、授業よりも家庭学習での利用が増えることも大いに考えられます。

●評価

お互いの考えを伝えあうためのコミュニケーション力を育成するという方向性である英語教育の観点から見ると、シャドーイングは、その下支えをする基礎力の育成を図る位置づけにあります。シャドーイングは、リスニング力向上・発音改善のための言語プロセスを鍛える練習です。そのため、本来は、シャドーイング自体の出来栄えを評価するのではなく、シャドーイング練習の結果、リスニング力・発音がどの程度上達したかについて評価されるべきです。しかし、英語教育の方向と授業での活動内容を考えても、このように評価することはやや非現実的でしょう。

この現実を踏まえると、小学校同様に、中学校でも、シャドーイングの活動自体を直接的な評価の対象とするよりも、各単元で設定している評価規準を達成するため、一役を担う活動と位置づけることが自然です。中学校の『「指導と評価の一体化」のための学習評価に関する参考資料』をもとに少し考えてみましょう。

次ページに『「指導と評価の一体化」のための学習評価に関する参考資料』から、聞くことに関する評価規準を提示しました。先頭行の3つの観点のうち、知識・技能は、シャドーイング練習により習得が促進されますが、思考・判断・表現は、より深い処理が求められるため、シャドーイングは間接的に貢献することになります。同様に、主体的に学習に取り組む態度も、シャドーイングにより促進されたリスニング力が間接的に作用すると考えるのが自然です。

聞くことに関する評価の規準（1）

	知識・技能	思考・判断・表現	主体的に学習に取り組む態度
聞くこと	[知識] 英語の特徴やきまりに関する事項を理解している。 [技能] 実際のコミュニケーションにおいて、日常的な話題や社会的な話題について、はっきりと話された文章等を聞いて、その内容を捉える技能を身に付けている。	コミュニケーションを行う目的や場面、状況などに応じて、日常的な話題や社会的な話題についてはっきりと話される文章を聞いて、必要な情報や概要、要点を捉えている。	外国語の背景にある文化に対する理解を深め、話し手に配慮しながら、主体的に英語で話されることを聞こうとしている。

『「指導と評価の一体化」のための学習評価に関する参考資料』の「領域別の目標」及び「内容のまとまりごとの評価規準（例）」（p. 33 より抜粋）

聞くことに関する評価の規準（2）

知識・技能	思考・判断・表現	主体的に学習に取り組む態度
・受け身の特徴やきまりを理解している。 ・受け身の特徴やきまりの理解を基に、教科書の登場人物や級友の自己紹介スピーチの内容を聞き取る技能を身に付けている。	教科書の登場人物や級友の自己紹介スピーチから、好きな言葉が何で、理由は何かなどの要点を聞き取っている。	教科書の登場人物や級友の自己紹介スピーチから、好きな言葉が何で、理由は何かなどの要点を聞き取ろうとしている。

『「指導と評価の一体化」のための学習評価に関する参考資料』の評価規準（「聞くこと」の評価規準）（p. 63 より抜粋）

評価規準（「聞くこと」の評価規準）を例にもう少し詳しく考えてみると、知識・技能の観点の、受け身の特徴やきまりはシャドーイングを練習する前に確認をしているので、シャドーイング練習によりその習得が促進される可能性があります。また、受け身を使った教科書の登場人物のスピーチの内容を聞き取る技能にも直接的に作用するでしょう。一方、思考・判断・表現の観点で挙げられる、自己紹介スピーチから好きな言葉や要点を聞き取る能力は、シャドーイングの直接的な機能ではなく、シャドーイングにより高まるリスニング基礎力を土台として育むものです。同様に、要点や理由を聞き取ろうとする主体的に学習に取り組む態度も、間接的にシャドーイングが作用すると考えるのが自然です。

シャドーイングは、スポーツの例では地道な筋力トレーニングのようなもので、即座に目に見える結果が出るわけではありません。各単元で設定した評価項目を達成するための手段として、その役割を念頭に置いて、活用することが自然だと考えられます。

5-4 具体的方針の提案

提案① 1年生では、心理的負荷に注意して、リスニング用と発音用の中間くらいで

入学時点で、小学校での英語学習の習熟度には差があるでしょう。そのため、小中接続のスムーズな橋渡しを意識した最初の時期に、負荷のかかるシャドーイングをたくさん行うのは、心理的にあまり望ましくありません。

音声を重視した英語活動を行ってきた小学校の英語学習を生かして、1年生の前半では、会話の教材や明るい話題を選んだり、ペアで役割分担をして皆で一緒にシャドーイングしたりするなど、心理的に負担が軽く、できるだけ楽しく行うことのできるシャドーイングを活用する方が効果的です。1年生後半になると、文字にも慣れてくるので、様子を見ながら少しずつ負荷をかけていきましょう。

提案② 2年生では、少し負荷を増やして、リスニング力全体の底上げを

中学校の英語に慣れ、教科書の内容も濃くなっているので、本格的にシャドーイングを取り入れても大丈夫でしょう。その一方で、教科書の内容が1年生の時よりも難しくなるため、リスニングに対する抵抗や苦手意識も出やすくなる時期です。習得すべき単語数も多くなり、「英語のスピードに追いつけない」という生徒が増えます。そこで、英語の聞き取りに対する苦手意識を早急に克服するため、また英語の聞き取りをさらに得意にしておくためにも、シャドーイングの回数や対象の分量を増やすことで、少し負荷をかけ

て、音を聞き取る力を育んでいくことが重要となります。

提案③　3年生では、状況とニーズに基づいた活用を

中学校3年間で語彙力は新たに1,600～1,800語程度を指導することとなっており、教科書の内容も盛りだくさんになっています。中学校3年生になると英語の得意不得意も明確になり、英語がある程度得意でもリスニングが苦手という生徒も一定数確認できるはずです。以下、もう少し細かい3つの提案を紹介します。

●授業全体

自己発信やコミュニケーションを意識した活動が授業の中心であるため、その前提となる単語レベルでの聞き取り力の強化のためにシャドーイングを適度に活用するのがよいでしょう。3年生後半の高校受験を意識する段階で、リスニングの聞き取り部分が弱いと感じられる場合は、シャドーイングの回数や文量を増やし、少し負荷をかけることで、リスニング力向上の対策ができます。

●英語が苦手な生徒

基本的な文法事項や単語の習得に問題があることが多いので、基礎力アップを優先とする中で、シャドーイングを無理のない範囲で活用するのがよいでしょう。既習教材を用いて聞き取り力・発音の自動化を目的とするシャドーイングは、基礎が定着していない生徒にとっては心理的に負担が大きく、逆効果になる恐れがあります。短めの文章や会話文を、スピードを落として使うなどの工夫をして軽めに活用するとよいでしょう（シャドーイングの負担感☞2-8）。

●英語自体は苦手ではないが、リスニングが苦手な生徒

音の聞き取りに自信のない生徒が多いクラスであれば、全体でのシャドーイング量を増やし、家でも練習することを課すこともできます。一方、そういった生徒が一部に限定される場合は、個別にシャドーイングを家で練習するように指示して、支援することもできます。

提案④　基本手順を抑えて臨機応変に必要なときにアレンジして活用

提案①～③では、学年ごとのポイントを挙げましたが、シャドーイングの利点は、積み上げ方式ではなく、短期間で集中的に音の聞き取り力を向上させることができる点です。つまり、どの学年のいつからでも活用できることです。以下の手順（☞3-3）を基本として、ニーズに基づいて柔軟に活用しましょう。

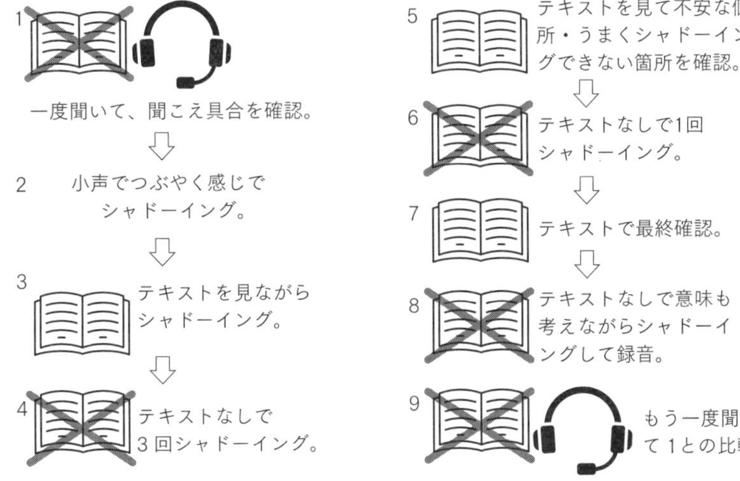

5-5　実践的活用方法

(1) 中学1年生前半

●なりきりシャドーイングの活用（スピーキング&リスニング）

多くの教科書の前半は、小中接続を意識し、会話が多い構成となっていると思います。お勧めは、会話文を使用して、登場人物になりきるシャドーイングを、本文を理解した後で行うことです。

この方法にはいくつかの利点があります。1つ目は、頭で理解していることを耳と口を使って体得する練習になることです。例えば、“Where are you from?” という表現で使われるWh疑問文は、基本的には文末は下がりますが、それを、登場人物のようにそのままコピーすることで、感覚的に身につきやすくなります。様子を見ながら、そういった点がうまくできていなければ、先生が説明するとよいでしょう。2つ目は、英語の話し方をそのまま感覚的に体得する練習ができることです。英語の話し方の雰囲気を、頭で考えるより体に染み込ませるという方法はシャドーイングの特徴です。3つ目は、新出語彙についても、会話・文脈の中で、即時性を持ってインプットとアウトプットをすることができることです。先生の後について読むListen and repeatでは、無意識に聞いている内容の意味を考えながら行いますが、シャドーイングでは、意味を考える余裕なく即座に繰り返さなければならないので、より実践的な英語の処理能力が鍛えられます。

指導POINT

- 会話文（できればデジタル教材）を選び、グループやペアで役割を分担し、できるだけそっくり真似をする（シャドーイング）ように伝える。
- ただ単語を追っていくのではなく、会話の雰囲気やイントネーションなども真似して、本当の会話のように仕上げることを促す。
- 基本的にはスクリプトは見ずに行い、時々、先生が全体に指示する際や、つまずく点を各自で確認する際にスクリプト確認を行う。

［例］ShoとEmilyの中学校入学に関する会話

会話文を、ShoとEmilyになりきって自然な形でシャドーイングする。

Sho : Finally, we became junior high school students.
Emily : Yes! What do you want to do most in junior high school?
Sho : Well, I want to play baseball. How about you, Emily?
Emily : I like English. So, I want to study and speak English.
Sho : That's great. Let's enjoy our new life.

教師：Sho と Emily が中学校でやりたいことについて話しているね。皆も Sho と Emily になったつもりで話してみよう。表情や話し方に注意して、一度観て（聞いて）みよう。

生徒：（視聴する）

教師：じゃあ、よく聞きながら同時に繰り返してついていってみよう。できるだけ話している雰囲気や表情も真似してみよう。

生徒：（シャドーイングする）

教師：Emily の最初のセリフがうまく言えていない人が多いね。教科書を見て、もう一度確認してみよう。それと、このセリフは最後上げるかな？　下げるかな？　このあたりも真似してみよう。

生徒：（シャドーイングする）

教師：次は、役割を分けてやってみよう。女子は Emily、男子は Sho になりきってもう一度やってみよう。

指導POINT

スクリプトを見ないで復唱するだけでも、非常に負荷が高いので、あまり着目する点を欲張らないようにしましょう。

⑵ 中学 1 年生後半

●題材・タイミング・機能に少し注意しながら活用する

後半になると、小学校では見たことのない表現が増え、会話文の量も長くなり、ナレーション型や発表型の本文も増えてくると思います。基本的には活用方法は同じですが、少し注意が必要です。

●極端に負担がかからない題材を選ぶ

学年前半より文量が長くなるため、シャドーイングの際に認知負荷がかかります。ついていけなくなる苦手な生徒が出てくるでしょう。50〜80 語を目安に、会話文を用いて大半の生徒がなんとかついていけるレベルの教材を利用するとよいでしょう。

● 単語・文法の習得が済んでから行う

文量が増えると同時に新出単語も増えるため、うまくシャドーイングできない箇所が増えます。聞き取っているけれどシャドーイングがうまくできないという状態は大きな問題がありませんが、単語を聞き取れないという理由でシャドーイングがうまくできない状態はNGです。学年の前半以上に、語彙・文法の習得は確実に行ってからシャドーイングを取り入れます（post-shadowing ☞3-5）。

● 発音→リスニングのためのシャドーイングへ

1年生後半あたりから徐々に、発音改善のためのシャドーイングから、リスニング力向上のためのシャドーイングへと機能が移ってきます。発音改善のためにシャドーイングを行う場合は、1つ1つの音を大切にし、できるだけ忠実にコピーすることを目標としますが、リスニング力向上のために行う場合は、細かい点には目をつむり、スピードについていく（音声を聞き取る）ことを優先します。

指導POINT

- 文量が多いときは、うまく繰り返す（シャドーイング）ことはあまり心配せずに、しっかりと耳で聞き取ることを目標にします。
- 新出単語や既習単語が定着していない可能性があるので、適宜、教科書でチェックしたり、教科書を見ながらシャドーイングすることがあってもよいでしょう。

［例］家族旅行に関するUnitの動画

デジタル教材の動画（そのUnitの導入の動画や復習の動画など）を使って、生徒の心理面に注意を払ってシャドーイングを活用する。

先生：このUnitは、Mayの家族旅行の話だったね。もう一度復習の動画を見て、今度は音声を真似してみよう。

生徒：（視聴する）

先生：不安な単語や表現、内容はなかったかな？　じゃあ、自分が登場人物の声優になったつもりで一緒に言ってみよう。

生徒：（シャドーイングする）

先生：今度は、4人の班になって、一人一役で、自分の役のところだけ音声と一緒に言ってみよう。

生徒：（自分の役割をシャドーイングする）

先生：じゃあ次は、役を変えてやってみよう。

文量が多くなるので、完璧を求めず、ある程度という意識で活用しましょう。

⑶ 中学2年生

●題材によって着目点を変える

教科書内には多岐にわたる話題が登場するので、文量・難易度によって、着目点を変えるとよいでしょう。100語を超えるような文量が多い場合は、英語を浴びるイメージで負荷をかけ、リスニング力向上に集中します。その際、聞き取りのプロセスを鍛えるため、聞き取りを最優先として、それをうまく復唱できるかどうかにはある程度目をつむります。授業中に全体で行う場合は、声が小さくなってしまった箇所や、自信がなさそうな箇所を中心に、適宜抜き取って練習させ、助言を与えます。また、英語で発表する際の模範となりそうな形式の文章（プレゼンテーションや朗読等）の場合は、発表を意識して、話し方にも注意しながら練習させます。その場合は、100語未満の方がよいでしょう。

●「やり取り」の会話文を選択

学習指導要領で「場面・状況」が強調されていることからも、やり取りを扱った題材は適宜取り入れましょう。個々の音素の発音は2年生になるとシャドーイングを行うだけでは簡単には向上しないためあまり重要視せずに、どのような場面で、どのような気持ちで登場人物が話しているかを考えながら、会話の雰囲気やイントネーションなどを真似するように指示しましょう。直接的にはリスニングへの好影響が出ますし、「やり取り」の会話に取り組むことで、副次的に会話力の向上にもつながるでしょう（シャドーイングの効果☞ 2-1）。

［例］Kenji と Robinson 先生の会話の動画

Kenji : Hi. Mr. Robinson.

Robinson : Hi, Kenji. How are you doing?

Kenji : I'm good. Thank you. In summer, I will go to Vancouver. You are from Vancouver, aren't you?

Robinson : Right. How long will you stay?

Kenji : For a month. Is it hot in summer?

Robinson : Ah, I think it is cooler than Japan.

Kenji : Thank you. Because I want to have fun there, I have to study English harder now.

Robinson : I am sure you will be a better speaker. Good luck.

Kenji : Thanks.

先生：Kenji と Robinson 先生が話していたね。Kenji はどんな様子で話していたかな？　Robinson 先生は楽しそうだったかな？　2 人がどんな雰囲気でやり取りしていたかに注意して、もう一度観て（聞いて）みよう。

生徒：（視聴する）

先生：Kenji も Robinson 先生も楽しそうに話してたね。その雰囲気を真似て、音声をできるだけそっくり復唱してみよう。

生徒：（シャドーイングする）

先生：これまでに習った比較級や because、have to も登場しているけど大丈夫かな？　この後、何回か練習したらグループに分けてやってみるので、どっちの役もできるように練習しよう。

生徒：(2 回シャドーイングする)

先生：じゃあ 3 人グループに分けて、1 人が Kenji、1 人が Robinson 先生、もう 1 人は 2 人の会話を観察して感想を言う役にしよう。感想役の人は、**表情・抑揚・声**のトーンに注意してチェックしてみよう。

生徒：(自分の役をシャドーイング、残りの 1 人が終わったら感想を言う)

指導POINT

話している雰囲気も真似させますが、単語の細かい発音は要求しません。

[例] Yumiko の兄 Ken の出張の説明

やり取りの文章でなく、プレゼンテーション・説明・ナレーター系の文章でも活用することができます。

Next week, my brother, Ken, is going on a business trip and I will help him to prepare for it. He needs many things because it will be a three-day trip. First, he will have a business meeting, so he needs a computer, a shirt, and a tie. He also needs a watch. Second, he has to take a memo in the meeting, so we will find a notebook. Third, his suitcase is smaller than mine, so he will borrow mine. Lastly, he should not forget his iPhone!

先生：今回の文章は、会話ではなく、説明ですね。物事を筋道立てて話す練習として、音声と一緒に練習してみましょう。まずは復習を兼ねて聞いてみましょう。

生徒：(聞く)

先生：では、次に、一緒に言ってみましょう。スピードも速いですし、量も多いので、全部しっかり言えなくてもいいので、できるだけついていってみましょう。

生徒：（シャドーイングする）

先生：少し大変かもしれませんが、耳を鍛えると思って続けてやってみましょう。わかりやすい説明にするためにも、First, Second, Third, Lastly という単語は強調しましょう。

生徒：（シャドーイングする）

指導POINT

ナレーター系の文章では、量を多めにして負荷をかけます。聞き取りを優先として、シャドーイングの出来栄えはあまり気にしません。

⑷ 中学3年生

3年生になると、教科書の本文は長くなり内容も濃くなります。極端に長いものを除いて、ある程度どの題材でもシャドーイングに使うことができます。1～2年生での活用方法を適宜アレンジして、生徒の実態に応じて選ぶとよいでしょう。例えば、英語が得意な生徒が集まっているクラスでは、比較的長めの文章に挑戦することもできますし、逆に苦手な生徒が多いクラスでは、短めの文章かつ会話文の方が取り組みやすいでしょう。

● リスニング（ボトムアップ）が弱いクラスはメリハリをつけて

担当のクラスあるいは学年のリスニング力（特に単語レベルの聞き取り）が弱いと感じた場合は、期間を決めて集中的にシャドーイングを行って、一気に聞き取り力を鍛えることができます。授業で扱った単元をまず授業中にシャドーイングし、授業外でさらに練習し、次の授業で再確認するというリズムで一定期間行うことで、飛躍的に向上するでしょう。春休み・夏休みの課題として課すことも選択肢の1つです。ただし、集中的に行う場合は、期間が数ヶ月にわたると飽きが生じ、心理的にも負担が大きくなるので、数週間～1ヶ月ということを明示した方が効果的でしょう（シャドーイングの効果の見られる時期☞**2-7**）。

●中高一貫校等で、英語が得意なクラスは発音・プレゼンテーション練習も

中高一貫校等で、入試対策が不要で生徒のやる気も高くどんどん英語力を伸ばす環境が整っている場合は、発音の改善やプレゼンテーションの練習にもシャドーイングを活用できます。通常、中学校でシャドーイングを活用する際は、リスニング力育成を優先し、シャドーイングの出来自体には高い目標を設定しません。しかし、このような環境であれば、ある程度の語彙・文量があっても、そっくりそのままシャドーイングするという、小学校でのシャドーイングと中学校でのシャドーイングを足した集大成の活用を目指してもよいでしょう。

つまり、教科書の中で、登場人物がプレゼンや発表をしている題材を選び、そのデジタル教材を使って、表情も話し方もそっくりそのままシャドーイングできるまで練習して発表させる方法や、1つのストーリーを選んでグループで役割分担をして各自が登場人物になりきってシャドーイングするのを発表する、という方法があります。

［例］3名の、気候に関する発表

3年生になると、思考力を育成する内容の深い題材、あるいは深いやり取りの会話文が増えます。各生徒の実態に応じてシャドーイングの強度（レベル）を調整しますが、発表を意識してシャドーイングを練習する例も提示します。

Yoshiki : Our group has chosen this topic, climate change. Over the past years, the climate in the world has changed. We will tell you the information that we found.

Lisa : First, we looked at the rain issue. These days, we often see heavy rain, while in the past, we did not. We see more thunderstorms than before.

Emma : Next, we studied the temperature change. The average of the temperature is getting higher. My mother said that when she was a child, it was not as hot as these days. Some fishermen said that they caught more fish before, and that it was probably because the temperature of the sea was lower.

Yoshiki : Also, some people think the amount of snow is changing. My grandfather in Akita told me that it snowed very much in some years but it did not in other years.

先生：この Unit は、気候変動について Yoshiki と Lisa と Emma が発表している内容でしたね。重要な内容ですし、今回は、シャドーイングをして発表してみましょう。1 週間後の授業で、班ごとに役割を決めて、前に出てシャドーイングを披露してもらいます。

生徒：どうやって披露するんですか？

先生：班の全員が前に出て、Yoshiki と Lisa と Emma になりきって発表します。それぞれイヤフォンまたはヘッドフォンをして動画の音声を聞いてそれぞれのパートをシャドーイングします。

生徒：細かい発音とかは難しいです。

先生：細かい発音よりも、Yoshiki・Lisa・Emma のジェスチャーや表情、抑揚、リズムなどをよく真似して練習しましょう。

発表のイメージ

⑸ 高校入試・英検対策

入試に英語のリスニングを課す都道府県は非常に多いと思います。中高一貫校等を除く多くの中学校の場合、幅広いレベルの生徒が混在しているため指導が大変ですが、シャドーイングが最も効果を発揮するのは中間層だと考えられます。つまり、最低限の単語力や文法に関する知識は備わっていて、なんとか文章は読むことができる一方、リスニングになると速くてついていけないという生徒です。このような生徒は、英語の聞き取りさえできるようになれば、得点に直接結びつくはずです。その際は、必ず、単語の確認・内容理解をした後でシャドーイングを練習するようにしましょう。

●入試まで時間がある場合は少しずつ

教科書の復習として、中学2～3年生の教科書を毎日少しずつシャドーイングしてみましょう。練習前に必ず単語の読み方と意味確認と本文内容理解をします。これにより中学2年生の単語・文法の復習を兼ねて、リスニングボトムアップの育成も可能になるので、全体としての学習効果も高いでしょう。

●入試まで時間がない場合は短期間集中

読解力よりもリスニング力が低い生徒には即効性もあり、効果的です。基本手順を参考に、家庭学習で1日20分ほど取り組んでみましょう。1ヶ月もあれば目に見えて効果が見られるはずです。使用する題材は、中学校3年生の教科書を復習を兼ねて使用する、模試を復習として使用する、あるいは、教科書の読み物や授業で重点的に扱えなかった部分を興味を持って使用する、などが考えられます。一方、英語力が著しく不足している生徒は、シャドーイングではなく、単語や基礎的な文法の習得など、英語の土台としての学習事項を優先して学習すべきです。

●英検対策は過去問を使用して一石二鳥

シャドーイングを英検対策として用いる場合は、過去問の使用が効果的でしょう。過去問を解いて、単語の理解・内容理解をしてから、シャドーイングを繰り返します。単語の習得と内容への慣れ、さらにそれを利用した音声トレーニング、これら全てを効果的に結びつけるのが理想です。1回前の過去問だけでなく、数回前のものも使用するとよいでしょう。

5-6 チェックポイント

学習指導要領上、シャドーイング活動を評価することは難しいと説明しましたが、シャドーイング活動のチェックポイントがないわけではありません。本章をまとめる形で表を示しているので、活用の前後で、確認してみましょう。

目的	活用方法	教師の指導ポイント	生徒の観察ポイント
抑揚の体得（S）	会話文をシャドーイング	事前・練習中に抑揚の確認をする。 長文は使用しない。	抑揚をつけてシャドーイングできているか。
英語の会話の雰囲気の体得（S）	会話文をシャドーイング	全体の雰囲気を登場人物になりきってシャドーイングさせる。 長文は使用しない。	なりきりシャドーイングができているか。
新出語彙の習得（S）	会話文または短文・基本文をシャドーイング	新出単語の事前確認とそれらに集中してシャドーイングさせる。	ターゲットの単語をシャドーできているか。
長めの文章でリスニング力強化（L）	ある程度の長さの文章をシャドーイング	背伸びする程度の題材を用いる。 事前に単語・内容の習得。 完璧は求めない。	シャドーイング自体よりも、しっかり聞こえてなんとかついていっているか。
集中トレーニング（L）	既習の文章を大量に使用	進み具合の目安を事前・途中で確認。 量をこなす。	計画と目標に沿って、めげずに続けられているか。
高校入試対策（L）	既習の教科書を使用	時間的猶予があるかないかを確認。 生徒の英語力詳細を確認。	目的・手順を理解して、計画に沿って行っているか。
英検対策（L）	過去問を使用	事前に単語・内容を理解させる。	単語レベルで全部言えているか。

＊（S）Speaking　（L）Listening

小学校と異なり、中学校では、入学段階で既に英語力に差がついていることや、英語の得意不得意がはっきりすることなど、難しさがあると思います。そのため、本章では、シャドーイングは状況と目的に応じて活用することを提案しました。１年生前半では、小学校からの流れを受

けて、リスニング力と発音のどちらも意識し、あまり負荷をかけない活用、後半から徐々にリスニング力育成に機能を移し、２年生では、少し負荷をかけてリスニング力の強化、３年生では、状況に応じて臨機応変に活用しましょう。

第6章 高校英語でのシャドーイング

6-1 第二言語習得の発達段階における位置づけ

幼稚園児や小学生では、第一言語である日本語に近い感覚で英語も身につけることがある程度可能であったものが、第一言語が確立している高校生になるとなかなかそうはいきません。一方、認知的に脳が発達しているので、感覚ではなく論理的に考えることができることを利用して、効果的に学習することができます。つまり、シャドーイングを単調に行うのではなく、どのような理由で、どのような効果が期待できるのかを理解したうえで取り組むことが、以前よりできるようになるでしょう。

6-2 学習指導要領における位置づけ

まずは、具体的なシャドーイングの活用方法を考える前に、高校での外国語科の目標を確認しましょう。

> 外国語によるコミュニケーションにおける見方・考え方を働かせ，外国語による**聞くこと**，読むこと，**話すこと**，書くことの言語活動及びこれらを結び付けた統合的な言語活動を通して，情報や考えなどを的確に理解したり適切に表現したり伝え合ったりするコミュニケーションを図る資質・能力を次のとおり育成することを目指す。 (p. 12)

高等学校学習指導要領（平成30年告示）解説より一部抜粋・太字加工

高校でも、「知識及び技能」、「思考力、判断力、表現力等」、「学びに向かう力、人間性等」を主軸として目標が設定されています。小・中学校で培ってきた力を土台とし、さらに統合的に知識や技術を結びつけ、コミュニケーションを図る資質・能力を育成するという目標です。そして、英語科の目標として中学校と並んで、シャドーイングに最もかかわる項目が以下の（1）でしょう。

（1）英語の音声や語彙，表現，文法，言語の働きなどの理解を深めるとともに，これらの知識を，聞くこと，読むこと，話すこと，書くことによる実際のコミュニケーションにおいて，目的や場面，状況などに応じて適切に活用できる技能を身に付けるようにする。　(pp. 156-157)

高等学校学習指導要領（平成30年告示）解説より一部抜粋

2020年度に大学入試改革が行われた影響もあり、高校では以前より実践的な英語力の育成が望まれていることは間違いありません。小・中学校での英語力を踏まえて、さらに高度な英語力の育成が求められており、高校入学時点で全ての生徒が理想通りの英語力を習得してきていれば、高校ではシャドーイングの出る幕があまりないかもしれません。

しかし、実際はいかがでしょうか？　中学校までと違って、高校では学力の近い生徒が在籍しており、その一方で、ニーズも多様化します。教科も増え、内容も難しくなり、生徒も英語だけを勉強しているわけではありませんし、部活動もあります。教師の視点からは、少なからず理想と現実のギャップが存在するのではないでしょうか？　本章では、シャドーイングが、現実的にどのような貢献ができるか、という視点で考えてみたいと思います。

6-3 高校でのシャドーイングの使い方

高校での英語教育の現状として、程度の差はあれ、学力が近い学習者が集まっていること、そして、大学入試が控えていることを念頭において考えていきたいと思います。

● 大学入試と現状

大学入試におけるリスニング力の重要性は増してきており、共通テストにおいても、単純なリスニング力の測定ではなく、学習指導要領で示されているように、情報を的確に理解し、コミュニケーションを図る資質・能力が求められているようです。しかし、求められる能力が高まる一方で、「そんなに簡単に英語を聞けるようにはならない」という悩みを抱える生徒は少なくはないでしょう。

また、思考力・判断力を要するリスニング問題を解く以前に、そもそも英語を聞き取ること（英語のスピードについていくこと）に苦労する場合も少なくないと思います。そして、この問題に対する有効な対応を模索している生徒・先生方も、実は多いのではないでしょうか？

● 基本方針

目的に応じてツールとして活用し、次の3つの枠で考えるとよいでしょう。1つ目は、授業におけるシャドーイング活用法です。2つ目は、模擬試験・資格試験対策でのシャドーイングの活用法、3つ目は大学入試（主に共通テスト）対策としての活用法です。2つ目と3つ目は、授業とは少し切り離して、これらの対策に絞って考えます。この3つの枠を基本として、実際の状況を踏まえて各先生にアレンジを加えていただくことにより、効果的に活用できるでしょう。

● 評価

上記の授業・試験・入試の枠で考えると、評価対象となり得るのは、1つ目の、家庭学習を含む授業における活用で、試験や入試の場合は、評価対象とはなりにくいでしょう。高校の場合、英語に関する科目も増え、小・中学校と異なり、扱うレベルや内容は各校の状況で大きく異なるため、評価方法も実態に合わせることになります。高校によって、授業中には議論したり高度な発表をしたりする場合もあれば、基礎力を再度丁寧に積み重ねる場合もあるでしょう。

はじめに、評価の前提として、シャドーイング活用の目的をリスニング力の向上と発音の改善のどちらにするのかを明確にすることが重要です。次に、授業中の活動として用いる場合は、シャドーイングの成果を直接評価するのか、小学校（☞4-3）・中学校（☞5-3）で提案したように、単元の目標を達成するための1つのツールとして用いて間接的に評価をするのかを明確にしましょう。

【リスニング力向上を目的とする場合】

シャドーイングを**ツール**として活用する場合は、リスニング力が上がったかどうかが評価の基準となります。リスニング力の中でもシャドーイングの効果が高いのは、単語レベルでの聞き取り（音声知覚・ボトムアップスキル☞2-1～2-3）ですので、その成果を評価することが適切です。

リスニングテストを使って評価をする場合は、内容理解問題ではなく、できるだけボトムアップスキルを反映するような問題を使用しましょう。簡易的に、英文を流して、空欄を補充する部分ディクテーション確認方法が最も活用しやすい選択肢の1つです。未習語を空欄にしては、単語を知らないのか知っていても聞き取れないのかの判断がつかないので、既習語を空欄にします。

ボトムアップスキルより複雑な情報処理能力を必要とする内容理解問題を使用した場合は、シャドーイングにより身につくボトムアップスキルの部分だけでなく、それを利用した、右の図の三角全体の総合的なリスニング内容理解力を測定するイメージになるので、何を測定しているかを明確にしましょう。

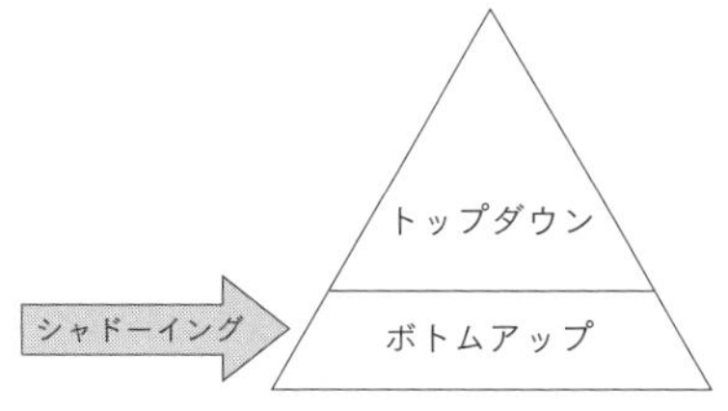

【発音の改善を目的とする場合】

発音の改善は、シャドーイングの出来栄えで直接評価することができます。最も簡単な方法は、生徒に自分のシャドーイングの録音を提出させて、先生が評価する方法です。

生徒が自分で録音するのに必要なものは、パソコン・イヤフォン・スマートフォンです。パソコンで音声を再生し、イヤフォンを通して生徒は聞きながらシャドーイングをします。それを、スマートフォン等で録音し、USB、email、クラウド上などで提出します。

評価方法について、5つ挙げます（門田・玉井, 2017; 迫田他, 2019; Derwing & Munro, 2015 を参考に作成）。

1. 音節レベルでの細かい評価：音節評価法

あらかじめスクリプトは音節単位で切って、自然に再生していると判断した音節数を評価点とし、その割合を100%換算して算出する。

メリット　単語よりも細かく評価できるため、信頼性が高い。

デメリット　採点が煩雑。

[例]

Sha-dow-ing is a ve-ry ef-fec-tive way to im-prove our lis-tening and pro-
○ ○ ○ ○○○ × × × × ○○○ ○ ○ ○ × ○ ×

nun-ci-a-tion skills.
○ ×○○ ○

2. 評価者の負担を減らしつつある程度の信頼性を保って評価：チェックポイント法

スクリプトの全単語を5語間隔で単語が再生できているかを評価点とする。

メリット　評価者の負担が軽く実用的。
ある程度（70項目程度）の量があれば信頼性もある。

デメリット　精密さに欠ける可能性がある。

[例]

Shadowing is a very **effective** way to improve our **listening** and pronunciation
× ○

skills. Once **you** get used to it, **it** is not as difficult **as** it seems.
○ × ○

3. 評価者の主観を排除して客観的に評価：再生率評価

単語1つ1つが再生されているかを評価点とする。部分点を与えてもよい。

メリット　評価者による評価点のばらつきが少ない。
Speechnoteなどの自動認識機能を利用して生徒自身がチェックする方法も可能（p. 49）。

デメリット 単語をどこまで細かく（音節・音素等）評価するか。
上記による採点者の負担。
イントネーションやリズムなどは評価対象外。

[例]

Shadowing is a very effective way to improve our listening and pronunciation
○ ○×○ ○ ○ × ○ ○ ○ ○ ×
skills.
○

4. 発音の明瞭性（intelligibility）・理解性（comprehensibility）を評価

全体を聞いて、明瞭性・理解性を5段階や7段階で評価する。

メリット：細かい音素ではなく、全体として英語の発音が改善したかを確認可能。

デメリット：主観的になる。
かなりの変化がないと気づきにくい。
評価者の中でブレが生じ、また、負担が大きい。

[例]（生徒のシャドーイング例、太字は強く読まれた単語）

Shadowing is a very **effective** way to improve our **listening** and pronunciation skills. Once **you** get used to it, **it** is not as difficult **as** it seems.

1　2　3　④　5　6　7

5. 対象を絞って評価

あらかじめ評価する音を絞り（例えば /r/ や /v/）、その点のみを評価する。

メリット：ピンポイントでの評価が可能。

デメリット：対象となる個々の英語の発音ができる前提でシャドーイングを練習することになるため、個人差が大きい。
同じ理由で、改善しているのが一部の上級者のみという場合がある。
評価者にも高度な聞き取り能力が要求される。

[例]（/r//f//v/ をチェック）

Shadowing is a **v**e**r**y e**ff**ective way to imp**r**o**v**e our listening and p**r**onunciation
○ ○ × ○× ○

skills. Once you get used to it, it is not as difficult as it seems.

○

6-4 具体的方針の提案

提案① 授業においては、補助ツールとして活用する

授業と宿題の併用型で、授業では、授業外でのシャドーイング練習を促進する流れを作るという位置づけがよいと思います。理由は、授業では行うべき活動が多く、学習指導要領の方針に沿って、思考力・判断力・表現力等を育む授業でしか取り組めない活動を中心に行うべきだと考えるからです。最も効率的なのは、教科書の本文の復習としてシャドーイングを宿題とすることです。既習事項であれば、未知の単語で困ることもありませんし、既習事項のさらなる定着も見込むことができます。そのうえで、授業中に周りの生徒と出来具合を確認し、意識づけをするのがよいでしょう。発音の改善を目的としてシャドーイングを行っている場合は、生徒を当てて披露させることで、緊張感を持って授業外で練習してくることも期待できます。

提案② 模擬試験・資格試験対策として短期間で活用する

模擬試験・資格試験対策としてシャドーイングを利用する場合の方法として、直前に耳を慣らすことが考えられます。ただ、模擬試験と資格試験は目的が異なるため、分けて解説したいと思います。

● 模擬試験での活用法

普段の授業では、コミュニケーション能力全般を育むことに重きを置き、模擬試験前後を利用して、英語の音声を聞き取る練習を重点的に行うという方法があります。リスニング訓練に継続的に多くの時間を割くことは難しいので、年に数回ある模擬試験のタイミングを利用して、短期的に集中的に鍛えるという方法で効果的な英語力育成の流れを作ることもできます。

● 資格試験での活用法

近年、TOEFL、TOEIC、TEAP、GTEC、英検など様々な資格試験が大学入試にも利用されていますが、なじみ深い英検を例に挙げてみましょう。英検は、問題も公開されているので、過去問を解いてリスニング問題の中で苦手なセクションを探し、それを題材にシャドーイング練習をします。傾向や英検特有の語彙に慣れることによる好影響も考えられるので、1週間前ないし2週間前、場合によってはもう少し前から計画的に行ってもよいでしょう。

提案③　大学入試対策として活用する

一概に大学入試対策と言っても、時期とその時点での英語力によって活用方法は異なります。いずれの場合でも、メインの学習に加える形で取り入れ、入試まで1年以上時間がある場合（図の①）で、リスニングのボトムアップ処理能力が弱い場合は、少しずつ取り入れてリスニング力の底上げを狙います。あるいは、集中的に取り入れて一気にリスニング力を向上させ、その後はその力を土台として、より高いリスニング力を目指します。半年程度の時間がある場合（②）は、ある程度の練習時間を確保し、急ピッチでボトムアップ処理能力のアップを図ります。ある程度英語力はあるものの、音の聞き取りが苦手でかつ3ヶ月程度しかない場合（③）は集中的に取り組んで一気に聞き取る力を向上させます。直前期は、ブラッシュアップ程度に程よく取り入れます。特に、リスニングテストの直前の休み時間にシャドーイングをすると、本番も聞こえがよくなります。

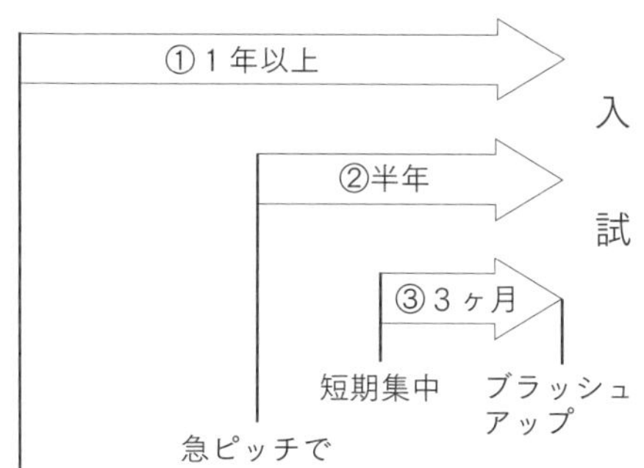

6-5 実践的活用方法

① 平均的な英語力の1・2年生での活用法

【英語コミュニケーションと論理・表現にて】

活用する目的に応じて、シャドーイングを取り入れる科目も選ぶことができます。リスニング力向上を目的としての活用が多くの場合だと思いますが、その場合は「英語コミュニケーション」で、既習の文章の一部を用いて定期的に取り入れていけばよいでしょう。一方、英語能力が高く、スピーキング力（発音）の改善を目的とする場合は、「英語コミュニケーション」だけでなく、「論理・表現」での活用も可能でしょう。

指導POINT

リスニング力の向上を目的とする場合は、シャドーイングの出来映えではなく、リスニングのボトムアップ処理を鍛えるために、家でしっかり練習するという流れを作ります。

● 単元

ある程度の長さ（200語～）の文章で、単語・内容を理解している部分

● 指示

「次回の授業で、○○の部分のシャドーイングがしっかりできているかを確認するので、各自、しっかり音声（CD／電子ファイル）を使ってシャドーイングをしてくること。」

● 次回の授業

案1：ペアでお互いのシャドーイングの出来を確認させる。

案2：ペアでじゃんけんで負けた方のみ確認させる。

案3：4人グループで、じゃんけんで勝った人2名の出来を確認させる。

案4：教室全体で、名指しでシャドーイングをさせる。

② 進学校で英語が得意な高校1・2年生での活用法

【発音の改善を目的として活用】

ある程度リスニングのボトムアップ処理能力の高い生徒を対象にしている

場合は、発音の改善を目的として活用することも可能です。その過程で、さらに音声知覚も鍛えられます。

指導POINT

目的は発音の改善ですので、リスニング力育成の場合と異なり、高い完成度を求めます。とはいえ、英語が得意な生徒が集まっている集団であっても、個人差はあるので、どの部分を最低限押さえるかを、評価項目と一緒にはじめに全体で確認することが大切です。

例えば、日本人の苦手な音素（/l, ɹ, ð, θ, v/, Saito, 2014）は最低限できるようにするとしたり、本文中の重要な3文はイントネーション・強勢の観点まで注目するとしたり、具体的な指示をします。また、一度にたくさんの項目に注目するのではなく、段階を追って目標を増やしていく方が取り組みやすいです。

●単元

スピーチ・会話・ナレーション等、人が読んでいる・話している場面のもの

●指示

「2週間後に、該当部分のシャドーイングがしっかりできているかをチェックします。各自、録音したものをUSBに入れて持ってくること。評価の観点は○○と●●です。」

●流れ

- スクリプトを作成（または配付）
- 見ながらシャドーイングできるようにする。
- スクリプトなしでシャドーイングできるようにする。
- 適宜、フィードバック（より詳細の練習方法☞3-4）。
- 提出後、うまくできている生徒のものを全体に聞かせる。時間に余裕があれば、発表会を行う（☞5-5④）。

③ 英語が非常に苦手な高校生への活用法

【心理負担を考慮して工夫を】

シャドーイングは認知的に負荷のかかる練習方法であるため、英語が苦手あるいは嫌いな生徒にとっては大変です。そのため、少し面白さや新鮮味のある方法を取り入れることで、心理的にその負荷が軽減され、同時に、練習過程の中でリスニング力向上も期待できます。

指導POINT

シャドーイングは英語が苦手な生徒には大変であることを念頭に置いて、効果と心理ケアのバランスをうまくとります。特に、「できない」「難しい」と感じると意欲がそがれるため、簡単な文章を、丁寧に学んだ後、練習します。

●単元

簡単な会話形式の単元

●指示

「ペアになって、A、Bの役を決めて、自分の役を、その人物になりきってシャドーイングできるように練習してきましょう。授業でも少し練習する時間はとりますが、1週間後に何人かに発表してもらいます。」

●授業にて

宿題だけでなく、授業中にも、その活動を行う時間をとり、練習させる。発表の日は、いくつかのペアを指名する。イヤフォンの片方をペアA、もう片方をペアBが使い、音声を再生して（あるいは1つのデバイスからbluetoothでイヤフォンに飛ばす）、登場人物になりきってシャドーイングをさせる。

④ 模擬試験・資格試験での活用法

【直前に集中的に活用する】

本番に似た形式の問題を使ってシャドーイングの練習をすることで、音声の処理速度を短期的に向上させることができます。1ヶ月以上前など、早い時期から行ってしまうと間延びしてしまうので、短期集中型がよいでしょう。ただし、提案②（p.103）で説明した英検等の資格試験は、問題演習と平行して1ヶ月前程度の少し早めからシャドーイングも取り入れることで設問の傾向に慣れますし、単語の習得にもつながる可能性はあります。

また、直前期は1.2〜1.5倍速で少し音声を速めると効果的です。口がついていかない場合も多いと思いますが、耳のトレーニングなので、あまり気にしなくて大丈夫です。少し早めの方が、本番のスピードがゆっくり感じられるため、可能な範囲でお勧めです。毎回の手順は基本練習パターン（☞3-3）を用います。

内容が理解できていないとシャドーイングの妨げになるので、該当部分は単語・内容理解を済ませてから行います。

宿題の確認として、授業の最初に全体で標準速度で行うと、スピードが少し遅く感じられるため、成果を実感できるでしょう。

●授業にて

自然に宿題として練習できる流れを作るために、授業の数分を利用して、ペアで成果の確認をする時間を作るとよいでしょう。音声は2回流し、ペアAのシャドーイングをペアBが確認してアドバイス、2回目はその逆、とします。相手の音読をシャドーイングするのではなく、音声は常にCDや音声ファイルを使用します。リスニング力向上が目的であるため、うまく言えているかどうかではなく、あくまで宿題をやりやすい流れを作ることを狙いとしましょう。

⑤ 大学入試対策（共通テスト）としての活用法

共通テストのリスニングにおいて、シャドーイングの効果が見えやすいのは、ボトムアップスキルが反映されやすい前半の設問1・2・3です。後半の設問は、より複雑な能力を測っているので、シャドーイングの効果は、間接的となるでしょう。

そのため、1、2年生で基礎的なリスニング力（ボトムアップスキル）が鍛えられていれば、大学入試対策としてシャドーイングを用いる必要性はあまりないのですが、活用する場合、提案③の大まかなイメージをもとに、以下の４つの場面に分けて、生徒の質問を想定してみます。

●大学入試まで１年

Q：「先生、リスニングが苦手で、スピードについていけません。模試のリスニングもイマイチな点数で、１年後が不安です」

A：リスニングにおいて不安は大きなマイナス要因なので、早めに自信をつけましょう。普段リスニング練習に割く余裕があれば今から、授業の予習復習や部活で忙しければ冬休み・春休みの長期休暇に、シャドーイングで一気に聞き取り力をアップさせましょう（☞3-3 基本手順）。まとまった時間が取れない場合は、少しずつ取り入れてじっくりと力をつけましょう。

●大学入試まで半年

Q：「先生、リスニングが苦手です。単語はある程度わかるんですが、音が聞き取れません」

A：リスニングのボトムアップ処理が弱い場合は、集中的にシャドーイングを取り入れて改善します。単語に関して音と意味の結びつきを強化したい場合はディクテーションも混ぜると効果的でしょう。時間に余裕のある夏休みに集中して一気にレベルアップすることが理想的です。

●大学入試３ヶ月前

Q：「先生、リスニングがどうしてもうまくできません。これから単語も覚えたり読解の練習もしたりで、時間がないんですが、なんとかなりませんか」

A：大学入試は、他教科との総合力で勝負するため、英語だけに時間を集中的に割ける時期は過ぎているので、以下の２パターンに分けて考えます。１つ目は、英語がある程度できるもののリスニング力（ボトムアップ）が弱い場合です。集中的にシャドーイングを行うことで、一気に向上が見込めるので、１日 20 分程度を２週間〜１ヶ月続けます。２つ目は、英語力そのものが弱い場合です。残念ながら、劇的なリスニング力向上は期待できませんが、他に優先すべき事項を中心に学習し、使用している教材（教科書・参考書・単語帳等）を復習する際に、5分間程度の少ない時間でもいいので毎日継続的にシャドーイングを取り入れるのがよいでしょう。

● **大学入試1ヶ月前～直前**

Q：「先生、リスニングのために、直前で何かできることってありますか？ある程度は聞き取れるんですが、本番でスピードについていけるか少し不安です」

A：既習の教材を使用して、少し早めのスピードで、シャドーイングして耳慣らしをするといいでしょう。

Q：「先生、筆記に集中してきてリスニングをほとんどしてきませんでした。リスニングが全然だめです。もう時間がないですが少しでもできることはないですか」

A：筆記問題である程度の点数が取れていて、リスニングが著しく劣っている等、リーディング力とリスニング力の乖離が大きい場合は、まだ短期間での飛躍が見込めます。使用している単語帳に100～200語くらいのまとまった文章があれば、それを基本手順（☞**3-3**）で毎日15～20分シャドーイングしましょう。または、入試に関連しそうな題材で、内容を理解しているものを使用して取り組むこともできます。

● **英語面接でスピーチがある場合**

Q：「先生、英語の面接があって、スピーチをしなければいけません。何か効果的な方法はありますか」

A：作成した原稿を、ALTなどの英語話者に吹き込んでもらい、それをシャドーイングと音読を組み合わせて練習することで、より自然な話し方のスピーチが完成します。

6-6 チェックポイント

生徒の実態がそれぞれ異なり、さらに英語の学習目的も多岐にわたる高校においては、シャドーイングの活用方法も様々です。重要なことは、画一的に用いるのではなく、生徒の実態や様子、そのときの状況に合わせて、目的と手段を明確にして用いることです。以下にチェックポイントを整理しているのでご活用ください。

目的	活用方法	教師の指導ポイント	生徒の観察ポイント
リスニング力向上（L）	ある程度まとまった文章をシャドーイング	回数をこなし、負荷をかける。	目的を理解しているか。 口が全部ついていかずとも聞き取れているか。 大体ついていけるか。
発音（音素）改善（S）	スピーチをシャドーイング	個々の音素は事前に知識・発音方法を指導。	個々の音素を正確にシャドーイングできるか。
発音（プロソディ）向上（S）	スピーチまたは会話文をシャドーイング	事前にプロソディの知識を指導。 途中でも、つまずいている点を指導。	プロソディをうまくシャドーイングできるか。
授業に取り入れる（S/L）	扱っている題材を、目的を明確にして活用	授業で学習法として紹介する。 頻繁に活用する。 授業中にシャドーイングの宿題のチェックを行う。	生徒と教師が使用の目的を共有して、指示に沿って行っているか。
模擬試験対策（L）	既習の文章を使用	集中的に短期間である程度の量をこなさせる。シャドーイングの出来映えは重視しない。	目的を理解して、計画通り進められるか。
資格試験対策（L）	過去問を使用	事前に単語・内容を理解させる。	単語も同時に習得できるよう、シャドーイングの前に確認したか。
大学入試対策（L）	既習の教科書を使用	時間的猶予があるかないかを確認。 生徒の英語力詳細を確認。	目的・手順を理解して、計画に沿って行っているか。完璧を求めない。

＊ L＝Listening　S＝Speaking

冒頭でお話ししたように、高校でのシャドーイング活用法は、各校及び生徒の実態によって様々です。本章では、想定される場合に分けて、場面ごとに活用法を提案しました。基本的にはリスニング力育成のために活用し、英語が得意な集団に対しては、発音の改善を目的として行うこともできます。また、大学入試が１年後に迫った段階で、リスニング

のボトムアップ処理（細かい聞き取り）が弱ければ、シャドーイングを集中的に行って底固めをして、それをもとにより高度なリスニング力を促進します。半年、3ヶ月と近づいた時期でリスニング力のボトムアップ処理が弱い場合でも、集中的に行えば間に合います。シャドーイングの役割はある程度明確ですので、使用する目的を明確にすれば、取り入れやすいでしょう。

第7章 大学でのシャドーイング

7-1 第二言語習得の発達段階における位置づけ

高校生と同じく、大学生以降は、英語の音声体系が日本語とは異なることを認識したうえでシャドーイングに取り組む方が効果的です。学生のリスニング力・発音がどの程度であるかを把握し、そしてどのレベルを目指すのかを明らかにして取り入れるとよいでしょう。

7-2 シラバスにおける位置づけ

講義の目標の1つに、リスニング力（特にボトムアップスキル）の向上と発音の改善を設定している場合、シャドーイングを活用することができそうです。また、シャドーイングの活動は、シラバスの中心ではなくその科目全体の目標を達成するための1つの手段として位置づけます。

7-3 大学でのシャドーイングの使い方

高校では大学入試という大きなゴールがあり、先生が受験を見据えて丁寧に英語を教えてくれますが、大学では、環境が大きく変わります。大学生を見ていると、積極的に英語力の向上を目指して履修をする学生と、単位取得を主な目的として履修をする学生に大きく分かれているように感じます。

取り組む姿勢の異なる学生に対して、どのようにシャドーイングを活用すればよいのでしょうか。イメージが湧きやすいように、①一般教養としての英語の授業、②リスニングに特化した授業、③スピーキングに特化した授業、④ TOEIC に特化した英語の授業、というように、4種類の授業を想定して例を挙げてみます。

7-4 授業例

① 科目名：教養英語

時間数　週1回×15回

対象　全学部1年生

テキスト　1時間に1話扱う一般的な読解用テキスト

授業の目的　4技能を総合的に高めること。

授業の概要

一般的な教養の英語の授業で、読解教材を中心として、語彙の習得、要約、内容に関する議論や意見交換、リスニング・プレゼンテーション等を取り入れて進める。

シャドーイングの使い方

リスニング力育成を目的として、授業中に用いる。

シャドーイングの評価

シャドーイングの出来を評価するのではなく、小テストで穴埋め形式の partial dictation やまとめのテストにリスニングテストを入れることでシャドーイングの効果を測る。

15回の構成

初回：授業概要説明とウォームアップ

2〜6回目：Units 1 〜5

7回目：Unit 1〜5のまとめ・中間テスト

8〜12回目：Unit 6〜10

13回目：Unit 6〜10のまとめ・期末テスト

14回目：プレゼンテーション準備

15回目：プレゼンテーションと全体のまとめ

大まかな授業の流れ（例）

分	目的	内容
5	ウォームアップ	英会話
5	リスニングで概要把握	音声を聞いてその日の単元の概要把握
10	語彙習得	重要な語句の確認とアクティビティ
15	読解力育成	精読をして内容把握
10	詳細確認	理解困難箇所の説明
15	リスニング力育成	シャドーイング
15	内容整理とライティング力育成	本文を英語で要約
15	英語で議論する力の育成	本文内容に関する話し合い

シャーイングのタイミング

本文の内容や語彙を学習した後で、議論などの post-reading activity に入る前に行う。

手順 （☞3-3, p. 43）

1

一度聞いて、聞こえ具合を確認。

⇩

2 小声でつぶやく感じでシャドーイング。

⇩

3 テキストを見ながらシャドーイング。

⇩

4 テキストなしで3回シャドーイング。

5

テキストを見て不安な個所・うまくシャドーイングできない箇所を確認。

⇩

6

テキストなしで1回シャドーイング。

⇩

7

テキストで最終確認。

⇩

8

テキストなしで意味も考えながらシャドーイングして録音。

9

もう一度聞いて1との比較。

指導POINT

　必ず内容を理解してから行います。シャドーイングを始める前に、効果と簡単な理論的説明を行うことで、学生にも練習の意義が見出せます。3回目の授業を過ぎたあたりから飽きが見られ、モチベーションが低下しがちになるので、Unit5までの前半の授業にのみ用いるのも1つです。後半になるとより一層、適宜シャドーイングの目的を確認することが重要です。自分のシャドーイングを録音して確認させたり（self-monitoring shadowing ☞3-5）、ペアで出来栄えを確認させたり（pair-monitoring ☞3-5）しながら、やる気を持続させる工夫をするとよいでしょう。

② 科目名：英語リスニング

時間数　週1回×15回

対象　全学部2年生

テキスト　リスニングに特化したテキスト

授業の目的　リスニングに特化しリスニング力全体の向上を図る。

授業の概要

ボトムアップ処理、トップダウン処理、リスニングストラテジー、メモの取り方等、リスニング力育成に直結する活動を中心に構成する。

シャドーイングの使い方

リスニング力育成を目的として、授業中に用いる。

シャドーイングの評価

リスニング力の評価項目を細分化し、ボトムアップスキルを測るリスニングテスト項目により、シャドーイングの効果を測る。

15回の構成

初回：授業概要説明とウォームアップ

2〜5回目：Unit 1〜4（日常のトピックを中心にした題材）

6〜10回目：Unit 5〜9（世界経済のトピックに関する題材）

11〜14回目：Unit 10〜13（アカデミックなトピックに関する題材）

15回目：テストとまとめ

大まかな授業の流れ（例）

分	目的	内容
10	ウォームアップ（pre-listening）	題材に関する簡単な質問に関して、ペアで簡単な意見交換
10	本時のターゲットスキルの確認	（例えば）メモの取り方
10	概要把握	音声を聞いて概要把握・メモの取り方の実践
10	概要把握の確認	簡単な質問を解いて、ペアで答え合わせ・メモの取り方の確認
10	詳細把握	再度聞いて、詳細を把握・メモの取り方の実践的説明
10	詳細把握の確認	細かい質問を解いて、ペアで答え合わせ・メモの取り方の確認
15	ボトムアップスキル強化	シャドーイング
15	英語で議論する力の育成	本文内容に関する話し合い

シャドーイングのタイミング

一通り内容理解やリスニングストラテジーの練習（上記の例では、メモの取り方）が終わり、内容を広げる前に行う。

補足

教養英語で提示した手順を基本として、音声を1.2倍速に調整したり、自分のシャドーイングを録音させてみたり、回数を少し増やしたり減らしたり、適宜アレンジを加えてもいいでしょう。

指導POINT

リスニングの授業なので、リスニング処理の仕組みと、リスニングに必要な要素（ストラテジー・語彙等）を説明したうえで、シャドーイングがボトムアップ処理の中でも特に音声知覚・単語認知を鍛えることを学生が明確に理解した方が、効果が出やすいでしょう。シャドーイングの出来栄えはあまり気にせず、音声についていくことを優先とし、学生の様子を見ながらスピードや回数等、負荷のかけ方も調整してみましょう。

③ 科目名：英語スピーキング

時間数　週1回×15回

対象　全学部1〜2年生

テキスト　メインテキストとは別に、シャドーイング練習用に1分程度の動画を用意（例：オバマ大統領やキング牧師の演説☞3-4）。

授業の目的　発音を含めたスピーキング力全体の向上を図る。

授業の概要

個々の音素、イントネーション等の発音の側面と、コミュニケーションに必要なスピーキング力・ディスカッション力を育成する科目。

シャドーイングの使い方

練習は授業外にさせる。授業中は確認的活動を用いて、学期を通して1つの教材を段階的に仕上げる。

シャドーイングの評価

シャドーイングの発表にて、ルーブリック評価やあらかじめ決めた観点で評価をする（具体的な方法については☞6-3）。

15回の構成

シャドーイングには毎回20分程度を使用し、その他の時間はメインテキストを使用します。ここではシャドーイングの手順のみ示します。

回	内容	授業外個人練習
初回	授業概要説明 使用する教材配付（アルファベットと発音記号を並列記載したスクリプト）	
2	授業内で /r//l/ の発音練習	当日の音素（例：2 回目の授業は /r//l/）の発音に注意しながら、ローマ字のスクリプトを見ながらシャドーイング練習
3	/θ/ /ð/	
4	/f/ /v/	
5	/ sɪ / / ʃɪ / / tɪ /	
6	/æ/ /ʌ・ə/ /a/	
7		発音記号のスクリプトを見ながらシャドーイング練習
8		クラウド上・USB 等で次の授業前までに提出
9	教師から個別フィードバック	スクリプトなしでシャドーイング練習
10	ペアで互いのシャドーイングの上達具合を確認	シャドーイング練習
11	グループでメンバーの上達を確認	クラウド上・USB 等で次の授業前までに提出
12	教師から個別フィードバック	
13		シャドーイング練習
14		シャドーイング練習
15	発表	

（Hamada（2021, 2022）を参考に作成）

発表時のイメージ

スクリプトの例

- Hi everyone. My name is George.
  haɪ evriwən maɪ neɪm ɪz ʤɔrʤ
- Today, I am going to talk about myself a bit first.
  tədeɪ aɪ æm goʊɪŋ tu tɔk əbaʊt maɪself ə bɪt fərst
- Then, I will talk more about one of my hobbies, cooking.
  ðen aɪ wɪl tɔk mɔr əbaʊt wʌn əv maɪ hɑbiz kʊkɪŋ
- You know, when I was young, I did not enjoy cooking.
  ju noʊ wen aɪ wʌz jʌŋ aɪ dɪd nɑt ɪnʤɔɪ kʊkɪŋ
- Well, actually I did not cook at all to be honest.
  wel ækʧuəli aɪ dɪd nɑt kʊk æt ɔl tu bi ɑnəst

指導POINT

スキル習得理論（☞ 1-3）に沿って、授業ではdeclarative knowledge（宣言的知識）の習得を目的に個々の音素の発音／プロソディの説明をし、発音練習を行うことでprocedural knowledge（手続き的知識）を習得させ、授業外の時間に課題として個々がシャドーイングを練習することでautomatization（自動化）につなげます。

学生は、自分が適切に発音できているかわからない点が多々あるため、スクリプトを見てシャドーイングしたものを、9回目の授業前までに提出させ、フィードバックを与えます。得意な学生には、音素レベルでの細かいフィードバックに加えて、イントネーション等のプロソディに関しても指摘し、やや苦手な学生には、最低限の注意点に基づき助言をします。

その後、12回目の授業前までにスクリプトなしでシャドーイングしたものを提出させ、先のフィードバックで指摘した点が改善されているかを確認し、さらにフィードバックをします。

④ 科目名：TOEIC 演習

時間数　週 1 回×15 回

対象　全学生

テキスト　TOEIC 用テキスト

授業の目的　TOEIC 600 点以上

授業の概要

TOEIC の 7 つのパートを分けて扱い、傾向に慣れ、各パートで必要な知識・解き方・スキルを育成する。

シャドーイングの使い方

リスニング力育成を目的として、授業中に使い、宿題もある程度課す。

シャドーイングの評価

シャドーイングは直接的にも間接的にも TOEIC の得点向上に貢献するため、TOEIC の点数を評価に入れることは可能。特に Part 1、2 にはシャドーイングの効果が直接的に反映されやすいので、重みづけを増やすことも選択肢の一つ。

15 回の構成

初回：授業概要説明と Part 1

2 回目：Part 2

3・4 回目：Part 2

5・6 回目：Part 3

7・8 回目：Part 4

9・10 回目：Part 5

11・12 回目：Part 6

13・14 回目：Part 7

15 回目：まとめとテスト

大まかな授業の流れ（例：3・4 回目の Part 2）

分	目的	内容
5 ～ 10	ウォームアップ	前回のシャドーイングチェック
10	語彙確認	前回の語彙の単語テスト
10	Part 2 の知識確認	Part 2 の傾向と対策講義
20	実践演習	問題演習
10	解答確認	ペアでの答え合わせ
10 ～ 15	解答確認	解答説明
15	内容の定着	シャドーイング
5	次回の確認	シャドーイングする箇所を指示

シャドーイングのタイミング

内容理解や語彙確認が終わった復習のタイミングで行う。

指導POINT

シャドーイングは、内容に関する活動が終わった段階で取り入れます。また、TOEIC の得点を向上させるために、リスニングプロセスだけでなく、語彙の自動化や内容への慣れも目的として、宿題として 1 週間、シャドーイングを継続的に練習させます。授業の最後に宿題の指示をし、授業の最初に宿題の成果確認をする時間を取ることで、授業（宿題指示）→宿題（練習）→授業（確認）の流れができます。1 週間のシャドーイング練習量の目安は、Part 1 であれば全部、Part 2 であれば半分というふうに、分量とクラスの状況によって（i を現状レベルと仮定すると）i+1 程度の負荷を目安として指示します。

まとめ

本章では、シャドーイングを 4 種類の授業に取り入れる工夫について紹介しました。筆者もシャドーイングを授業で活用していますが、大学生にシャドーイングを練習させるために心がけているのは、理論を説明し、その効果と学習メリットを理解させて取り組ませることです。また、発音改善のために用いる際は、過去の受講生の動画の例を最初に見せて、目標とイメージを与えてから始めています。

column

オンライン授業におけるシャドーイング

2020年度から、オンライン授業が普及しましたが、シャドーイングにとっては実は追い風でした。理由は3つありますが、1つ目は、授業中でありながら、個別の練習ができることです。シャドーイングを教室で行う際に問題となるのは、周りのシャドーイングする声が耳に入り、音声と自分の声が聞こえづらいことです。しかし、オンライン授業では、聞こえるのは音声と自分の声のみですので、教室でのデメリットが解消されます。2つ目は、成果物の提出方法が容易になったことです。従来の授業形態では、録音したものをリアルタイムに提出することはほぼ不可能でしたし、期限を設定して提出を要求した場合でも、クラウド等に不慣れだったため、スムーズにはいきませんでした。しかし、現在では、リアルタイムで期限を設定しての提出もスムーズに行うことができて、かつ個別フィードバックもやりやすくなりました。3つ目は、発表の際も、Zoomなどのオンラインツールを利用すると非常に便利だという点です。これまでは、教室の前面にスクリーンを設置し、発表者が前に出てイヤフォンをつけて音声を聞きながら発表していましたが、現在では、パソコン上で労せず同様の発表を行うこともできます。評価用に録画することも容易になりました。はじめはどうなることかと不安に駆られたオンライン授業でしたが、まさかむしろメリットの方が多いとは思ってもみませんでした。

第8章 一般学習者のためのシャドーイング

8-1 第二言語習得の発達段階における位置づけ

多くの成人の一般学習者は既に第一言語が確立されているので、英語の音声体系が日本語とは違うという前提で学習する方が効果的だと思います。それは、全て日本語に訳して学習するという意味ではなく、第一言語である日本語の英語学習への影響（弱点）を意識しながら学ぶという意味です。英語の音声体系について言えば、日本語と英語の違いをもとにして、重点的に気をつける部分を意識して練習した方が効果的です。例えば、/r/ に代表されるように、英語には日本語にはない音があるので、しっかりと意識して練習しましょう。また、音声が子音と母音の組み合わせになっている日本語に対し、英語は子音が連続することも多く、リズムも全く違います（☞2-5）。このような、知識として理解した違いを、シャドーイングを練習しながら感覚的にも体得することができるのです。

8-2 英語学習の目的と手段

高校までは、学校の先生が英語を教えてくれますし、学習の道しるべも示してくれます。しかしその後は、大学の教養としての英語や専門科目を除くと、自ら決めて自ら学ぶことになります。しかし、せっかく英語習得に取り組もうと思っても、情報がありすぎて、何をどう選べばいいか困ってしまったことはないでしょうか。シャドーイングについても同様で、インターネットや YouTube でシャドーイングと検索すると、様々な方法が提示され、効果についても「劇的効果」という情報から「やらない方がいい」というものまで様々です。

本書の第Ⅰ部で説明したように、シャドーイングにはしっかりとした理論があり、データの裏づけもあります。本章では、その理論的背景に、筆者の経験や考えを取り入れ、具体的な学習方法を目的別に提案します。

●6つの目的別シャドーイング練習メニュー

目的	方法	習得スキル
①英語圏への旅行	1ヶ月耳トレ	リスニング
②TOEIC500点→600点	2ヶ月集中	リスニング
③洋画を字幕なしで	3ヶ月コツコツ	リスニング
④ネイティブスピードで話してみたい	ものまね7週間	発音
⑤発音を維持	定期的にブラッシュアップ	発音
⑥楽しんでやりたい	カラオケシャドーイング	リスニング・発音

8-3 リスニング編

① 英語圏に旅行に行ったときに、英語を聞き取れるようにしたい。【海外旅行、1ヶ月で英語耳】

シャドーイングで英語に慣れ、英語耳を作りましょう

学校で英語は習ってきたけれど、現地で英語を聞き取れるのだろうか……前回旅行したとき、英語が聞き取れなくて困った……という方もいらっしゃると思います。そんな不安を解消するためにも、1ヶ月の短期間で対策をしてみましょう。

●用意するもの

旅行用英会話の本を1冊（必ず音声付きのものを購入）。

パラパラとページをめくって、読めばなんとなくわかるレベル（ところどころ知らない・わからないものがあるものでOK）のものを用意。気軽に取り組めるようなものを選択（分厚いものよりも薄いものがよいでしょう）。

●方法

旅行用の英語の本を1冊、1日15分、繰り返し使って耳を鍛えます。同じ本を3回（3周）繰り返して使います。

- 単語・表現を覚える際は、必ず音と意味（できれば綴りも）をセットで覚えましょう。
- 1日に費やす時間の目安：15分程度

● メニュー

1週目【まずは本の半分をやってみる】

(1) その日に取り組むページ（本の構成によるが、「Unit1」、「1日目」、「空港にて」等、負担にならない程度のきりのいい範囲を決めて）を読んで内容を理解。

(2) 内容が理解できたら、音声と一緒に音読（電車の中なら頭の中で音読）して、発音の仕方の確認。

(3) テキストを見ないで音声だけで2～3回シャドーイング。

(4) テキストを見ながら、うまく聞き取れなかったところを確認してマーカー。

(5) テキストを見ないで音声のみで1～2回シャドーイング。

(6) 音声を聞きながら、テキストを一度読んで復習。

練習POINT

耳のトレーニングなので、シャドーイングがうまくできないことはあまり気にせず、聞こえているかどうかを重視します。

2週目【本の後半部分をやってみる】

手順は1週目と同じです。だんだん疲れてくるかもしれませんが、確実に耳が鍛えられて英語耳が作られ始めています。2週間で1冊の1回目を終えます。

3週目【同じ本の2周目を気軽にシャドーイング】

(1) その日に取り組むページ（1･2週間目の倍の量）を復習で流し読みする。

(2) 2回シャドーイング。

⑶ つまずいたところをテキストで確認。最初の2週間で引いたマーカーの部分が聞こえるようになっているかも確認。

⑷ もう一度シャドーイング。

⑸ テキストで再度軽く復習。

練習POINT

1週目で1日1つのUnitと割り当てた場合は、2週目はUnit 1と2を1日にあてましょう。

同じ本の2回目は復習なので、量は倍ですが、かかる時間は大幅に短縮できるでしょう。

4週目【本の3周目にチャレンジ】

手順は3週目と全く同じで、本の3周目にチャレンジです。内容もおおむね頭に入っているでしょうし、最初に比べると明らかに耳の聞こえ具合がいいはずです。ここまでやれば、きっと自信がつくでしょう。

練習POINT

楽しい旅行に行くためなので、あまり負荷はかけすぎず、少しだけ頑張ってみる感じで取り組んでみましょう。

単語が全然わからないという人は、もう1冊、旅行用単語帳を買って同時に覚えると効果が高まります。

② TOEICの点数を500点から600点にアップさせたい。【TOEIC 2ヶ月集中トレーニング】

TOEICの単語を覚えて問題集でシャドーイング練習

TOEICの点数を向上させたいけれど、どうやったらいいのかがわからない、という方も多いと思います。500〜600点前後の人は、短期間で大幅に得点を向上させるチャンスです。集中的に取り組んで一気に全体のスコアアップを目指しましょう。

はじめに、TOEICに登場する単語は、日常の単語とは少し異なるためTOEIC用の単語の習得が必要です。研究でも、語彙力とリスニングの密接な関係は報告されています（Li, 2019; Du, Hasim, and Chew, 2021）。単語を学習する際は、文字と意味だけで終わらせず、音声を聞いて即座に意味がわかることを目標に、必ず音声と意味をセットに覚えるようにしましょう。

単語学習を先に、または並行して、TOEICの模試や参考書を使い、シャドーイングを練習します。

●用意するもの

- TOEIC用単語帳：自分の目指す点数に対応したものを購入。
- 問題集：模擬試験形式のものがお勧めですが、各Part 1～7の問題が豊富に記載されているものであれば、大丈夫です。
- 録音機器（スマホやICレコーダー）
- 単語帳・問題集は必ず音声付きのものを購入。

●方法

まず、単語を集中して覚えましょう。単語を1回見ただけで覚えるのはほぼ不可能なので、繰り返し取り組むことが大切です。単語帳をまず一通り学習したら、TOEIC模試を利用して練習します。

シャドーイングの効果が最も現れやすいのは、短い文を聞いて答えるPart 1と2です。Part 1と2のシャドーイングが大体できるようになったら（ほとんどの単語がしっかり聞こえるようになったら）、Part 3以降に進んでみましょう。

- 1日に費やす時間の目安：30分程度

練習POINT

ここでの「シャドーイングができる」の意味は、「発音の正確性はあまり気にせず、単語を復唱できる」ということです。

自分のシャドーイングを録音して、どれだけ言えるか（単語の再生率）を確認しながら進めます。

●メニュー

1週目【単語帳1回目】

⑴ 購入した単語帳を7日分に大まかに分割（例えば、1日100語）。

⑵ 音声と一緒に聞きながら、「知っている単語」と「知らなかった単語」を分け、後者にマーカー。

例：
Abandon
Abstract
Accompany
Acquire
Administer
Admit
Affect
Afford
Architecture
Art
……..

音声と一緒に声に出して発音も確認しましょう。

2週目【単語帳の2回目】

⑴ マーカーを付けた単語に集中して学習。

⑵ 上で分けた単語量で、毎日、マーカーを付けた単語を特に意識して音声を聞きながら学習する。電車内なら頭の中で発音し、自宅なら実際に発音しましょう。

マーカー付きの自分だけのTOEIC単語辞書の完成です。定期的に復習し、また、3週目以降の実践でも単語の意味確認に活用しましょう。

3週目【問題集Part 1とPart 2前半】

⑴ その日の問題（例えばPart 1の6題）演習。

⑵ 答え合わせ時に、スクリプトを見て、知らない単語や気になる表現は確認してマーカーを引いて確認（特に単語帳でマーカーを引いた単語は要確認）。

⑶ 何も見ないでシャドーイング。

⑷ スクリプトを見て、不明な点を確認。

⑸ 2〜3回シャドーイング。最終回を録音。

⑹ 録音とスクリプトを比較して、復習。

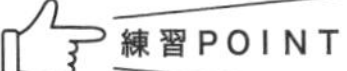

練習POINT

- 1日の目安は、30分でできる範囲のPart 1の6題、Part 2は最初の5題程度で、少し負荷がかかっていると思うくらいの量です。
- 大体シャドーイングできるようになるまで練習しましょう。
- 録音したシャドーイングは、単語が言えているかどうかを確認します。仮に、うまく言えていなくてもその単語が聞こえているけどうまく言えていない、という場合は大丈夫です。

4週目【Part 2後半】

手順は3週目と同じです。単語帳で見た単語が実際に登場しているので、確認しながら進めましょう。できれば、並行して単語帳の3回目を行いましょう（手順は2週目と同じ）。

5・6週目【Part 3】

基本的にはPart 1・2と同じ手順で練習します。13個の会話があるので、1日2つを目安に進めるとよいでしょう。余力があれば設問もシャドーイングしましょう。量が多くなるので、100％復唱できなくても、8割くらい復唱ができ、残りの2割は「聞き取れてはいるが口が追いついていかない」状態であれば、よしとしましょう。スラスラとシャドーイングできるのであれば、文章の意味も考えながらシャドーイングできるようになれば、なお効果的です。

7・8週目【Part 4・単語帳復習】

Part 3と同様に、Part 1・2と同じ手順で練習します。10個の会話があるので、1日1つで10日分、そして残りの4日は単語帳の4回目の復習にあてましょう。

練習POINT

2ヶ月で、単語帳を4回（4周）、リスニングの全セクションを網羅できるので、かなりの単語力とリスニング力がつきます。シャドーイングは、うまくできることに越したことはありませんが、要はリスニングができるようになればいいので、発音はあまり気にせずに、単語が言えているかという基準で8割くらいの完成度、と割り切って行いましょう。

③ 洋画やドラマを見られるくらいまで、耳を鍛えたい。【字幕なし映画は3ヶ月毎日コツコツと】

シャドーイングとディクテーションで劇的変化を

「映画を字幕なしで見てみたい」そんな憧れは誰でも持ったことがあるでしょう。しかし、学校教育だけで英語を学習してきた人にとっての最大の壁は、容赦ない本場の速度と、使用される単語の違いです。教科書で使用される英語は、聞き取りやすくゆっくりめのものが多いですが、映画では、はじめは驚くほど速く感じます。また、口語表現やスラング（俗語）が多く、語彙にも苦戦します。しかし、3ヶ月で1本の映画を字幕なしで視聴可能にする方法があります。その最初の1本をマスターすれば、その後も劇的な変化が現れます。

● 用意するもの

- 大好きな映画1本（90分以内）、またはドラマ4本（計1時間程度）。
  英語・日本語字幕のOn Offが可能なものを選ぶ。
- 黒ペンと赤ペン・ノート1冊・辞書
  （単語の意味と音声・発音を確認するもの、オンラインの無料辞書でも可）。

筆者は少し古いですが、“Friends” “Seinfeld” を使いました。“Suits” もいいですね。

● 方法

選んだ映画またはドラマを、ディクテーションとシャドーイングを活用して少しずつ聞けるようにしていき、1本仕上げます。2日目の始めは、初日に扱った部分の復習から始め、3日目は初日と2日目の復習から始めるというように、少しずつ丁寧に積み上げていきます。聞き取れるようになるのが目標なので、シャドーイングで口がついていかなくても過度の心配をしないようにしましょう。ただし、発音も同時に鍛えたい人は、比較的はっきりと話される英語のものを選んで同時に練習していきましょう。

- 1日に費やす時間の目安：第1ステージは1時間、第2ステージは30分

初日
2日目
3日目
映画1本

●メニュー

▶第1ステージ（映画半分、ドラマ2本）【ディクテーションとシャドーイングで根気強く】

初日の進め方【力試しと練習パターンの練習】

⑴ 映画であれば3分程度、ドラマなら1分程度（書き取ったときに250語くらいの目安）を視聴する。

⑵ 1文ずつ、区切りで止めて、セリフを聞き取って全て書く（ディクテーション）。走り書きでいいので、3回取り組むと、大体その時点で書き取れる限界に達する。

⑶ 英語字幕を見ながら答え合わせをし、訂正は赤で記入。その際、日本語字幕も利用して知らない単語や表現を確認しながら進めると、語彙の習得の近道。

［例］

- Hello, my name is ~~Jorge~~ George. I am going to talk about my new idea today. I think this idea is pretty awesome but a bit surprising. You know, most ideas people have been talk~~ed~~ing about are rather conservative. I mean, they are okay but I don't think they are attractive enough. So, are you ready to hear what I am thinking ~~light~~ right now? ……

⑷ シャドーイングを2〜3回する（スクリプトは見ない）。

⑸ 自作のスクリプトを見て、自信のない箇所を確認する。

⑹ シャドーイングを2回する（スクリプトは見ない）。

(7) 再度スクリプトを見て復習する。

(8) その日の3分を再度視聴する（(1)よりはっきりと聞こえるはず）。

練習POINT

- 本場の速さなので、シャドーイングは追いつけなくても大丈夫です。必死で聞き取ってできるだけシャドーイングしましょう。
- 適宜、スクリプトを見ながらシャドーイング練習してもかまいません。
- うまく発音できない文章を中心に、音読も含めて練習するとなお効果的です。

2日目の進め方【初日の復習から始めて、積み上げる】

(1) 前日に取り組んだ部分を字幕なしで視聴して、気になった部分はスクリプトを見て確認する。

(2) 2日目に行う部分に関して、初日の進め方の(2)〜(8)で取り組む。

3日目以降の進め方【3日分が字幕なしで見られるように】

(1) 初日・2日目に取り組んだ場面を視聴する。

(2) 気になった箇所はスクリプトを見て確認する。

(3) 3日目に行う部分について、初日の進め方の(2)〜(8)で取り組む。

練習POINT

前日、前々日の場面から視聴することで、少しずつ字幕なしで観て理解できる場面が積み重なっていくので、自信にもなり、次回が楽しみになります。これを積み上げていくことで、最終的に、映画半分・ドラマ2本を字幕なしで観ることができるようになります。

▶第2ステージ（映画残り半分、ドラマ残り2本）【シャドーイングをメインに】

第1ステージ後半には、おそらく全て書き取らなくても聞き取ることができるようになってきていると思います。第2ステージでは、書き取りは卒業して、シャドーイングのみにします（もしも、まだ自信がない場合は、第2

ステージも第1ステージと同じ方法で行いましょう)。

①初日の進め方【パターン練習】

(1) 映画3分(ドラマ1分)を視聴する。

(2) 字幕をOnにして再度視聴し、止めながら気になる表現をノートにメモする。

(3) 内容が理解できたら、シャドーイングを3回行う。

(4) 字幕をOnにして視聴して、確認する。

(5) シャドーイングを2回程度する。

(6) 字幕をOnにして視聴して復習する。

(7) 字幕をOffにして視聴する。

練習POINT

- (2)で、自分が気になった表現を少しずつ書き留めていくことで、「いつ、どこで、どんな場面で誰が使った」というのが記された、自分だけのオリジナル単語帳ができます。
- 適宜、字幕やスクリプトを見ながらシャドーイング練習してもかまいません。

2日目以降の進め方【少しずつ拡大】

(1) 初日の場面を字幕Offで視聴する。

(2) 新たな場面について、初日の(2)~(7)の手順で進める。

練習POINT

3ヶ月間コツコツと積み上げれば、その映画1本やドラマ4本は、字幕なしで全て理解して視聴できるようになります。もしも、映画1本目を第1ステージの方法で取り組む場合は、2本目の映画は第2ステージの方法でやってみましょう。

映画を1本シャドーイング練習すれば、飛躍的にリスニング力がアップしているはずです。この後は、自分なりにアレンジして、時々シャドーイングしたりして、楽しんでいきましょう。

8-4 発音編

④ ネイティブのようなスピードで話したい。
【発音じっくり ものまね shadowing 7 週間】

文字でモデルを完璧にシャドーイングする

シャドーイングを発音改善のために使う方法は 3-4 で紹介しましたが、ここでは、より具体的な練習メニューを紹介します。

●用意するもの

- 1〜2 分程度（250 語程度）の真似したいスピーチ動画
- パソコン
- 録音機器（スマホや IC レコーダー）

練習POINT

- 速すぎず遅すぎずのものを選びましょう。
- 英語母語話者に限らず、自分が真似したいと思う「わかりやすい英語」を話している人を選んでください。
- 例えば YouTube で「スピーチ　感動　海外」のように検索します。
- TED を利用するのも 1 つの方法です。
- 英語字幕の On Off ができるとよいでしょう。

●方法

発音の仕方を学び、練習し、自動化するという 3 段階ステップの理論（☞ 1-3）で、音読・text-presented shadowing（テキストを見ながらシャドーイング☞ 3-5）・IPA-shadowing（発音記号を見ながらシャドーイング☞ 3-5）とシャドーイングを組み合わせて練習します。

- 1 日に費やす時間：15〜30 分

練習POINT

カタカナ英語から脱却しましょう。日本語はほぼ全ての音が子音と母音の組み合わせ、または母音のみですが、英語は子音のみの音がたくさんあります。日本語のカタカナのように話してしまうと、確実に英語のリズム・スピードの妨げになるので、注意しましょう（☞ 2-5）。また、日本語にない音の習得も大事です。

●練習メニュー

1週目【適切な動画を探しスクリプト作成、重要な音は発音できるように】

(1) 自分がそっくりコピーしたい演説やスピーチを探す。

(2) ローマ字と発音記号の並列スクリプトを作る（発音記号は必須ではない）。

(3) (2)を作成する過程で、全ての単語と本文を理解する。

(4) /l, ɹ, ð, θ, v/（Saito, 2014）で自信のないものは発音の仕方をチェックし、それらを含んだものは赤で印をつける。

［例］

Hello everyone. My name is Yo Hamada. I have been researching
həloʊ evriwən maɪ neɪm ɪz jo hamada aɪ hæv bɪn risərʧɪŋ

shadowing for a long time. Today, I am going to talk about
ʃædoʊɪŋ fɔr ə lɔŋ taɪm tədeɪ aɪ æm goʊɪŋ tu tɔk əbaʊt

shadowing. First of all, although shadowing looks simple and easy,
ʃædoʊɪŋ fərst əv ɔl ɔlðoʊ ʃædoʊɪŋ lʊks sɪmpəl ænd i:zi

it is actually difficult and not as easy as you think. Well, if you
ɪt ɪz ækʧuəli dɪfəkəlt ænd nɑt æz i:zi æz ju θɪŋk wɛl ɪf ju

experience it once, you will see, so let's do it together now.
ɪkspɪriəns ɪt wʌns ju wɪl si: soʊ lets du ɪt təgɛðər naʊ

Your job is to repeat what I am going to say simultaneously.
jʊər ʤɑb ɪz tu rɪpi:t wʌt aɪ æm goʊɪŋ tu seɪ saɪməlteɪniəsli:

You know what I mean? I mean......
ju noʊ wʌt aɪ mi:n aɪ mi:n......

細かい発音は、インターネットで検索し発音できるようにします。
（例：google で how to pronounce ○○と単語を入れると読んでくれます）

2 週目【発音に気をつけてスラスラ読めるように】

⑴ かたまりごとに区切りながら、音声を聞き、音読する（Listen & repeat)。

⑵ 個々の発音に気をつけてスラスラ音読できるように練習する。

3 週目【text-presented shadowing/ IPA-shadowing をスラスラと】

⑴ 何も見ずに音声だけを聞いてシャドーイングをして録音する（最初の記録として保存する)。

⑵ スクリプト（ローマ字・発音記号）を見ながらシャドーイングをスラスラできるようにする。

⑶ うまく言えない点は、音読→シャドーイングの順でじっくり練習する。

4 週目【録音して分析を】

⑴ スクリプトを見ながらシャドーイングして、それを録音する。

⑵ スクリプトを見ながら、モデルの音声と比較し、自分の音声を分析する。

⑶ 苦手な点を中心に練習して、スクリプトを見ながらのシャドーイングを完成させる。

- /l, r, ð, θ, v/ がしっかり発音できているかを確認します。
- 苦手なところは入念に練習します。

5 週目【シャドーイングを練習】

シャドーイングを 1 日 15 分練習する。

毎回言えないところは、その部分を特に重点的に練習します。

6週目

(1) シャドーイングして、それを録音する。

(2) スクリプト・モデル音声と比較しながら分析する。

(3) 音読とシャドーイングを交えて苦手なところを克服する。

誰か聞いてくれる人がいれば聞いてアドバイスをもらいましょう。

自動音声認識サイト（Speechnote 等☞ **3-4**）を使用して試してみるといいでしょう。

7週目

(1) シャドーイングして、それを録音する。

(2) 3週目の(1)の録音と比較して、上達度を確認する。

練習POINT

覚えようとしなくても自然と浸透し、最後の方では口からついて出るようになります。リスニング用のシャドーイングと異なり、丁寧に弱点を克服し、できるだけそっくり真似できるように練習します。よくある悩みは、速すぎてついていけないということですが、余計な母音を入れていないか、そして、口を日本語のように開きすぎていないか、の2点を確認しましょう。英語の発音の口の動きは、日本語とは異なります。口の動きもしっかりと研究しましょう（個々の音素も、「英語の会」（☞ **3-4**）などを利用して確認できます）。自分で英文を考えて同じようなスピードで話すのは大変ですが、シャドーイングであれば、まるで第一言語のように英語を話すことができるので、自分でもびっくりすることでしょう。

⑤ 英語の発音を維持したい。
【定期的にシャドーイングで発音ブラッシュアップ】

短時間で感覚磨きを

留学を終えた後、英語力の低下に悩む人は少なくないと思います。英語を使っていた生活から、日本語の生活に戻ると、必然的に英語を英語で処理する能力や感覚が鈍ってきて、リスニングやスピーキング・発音にも影響が出てきます。「口が以前の感覚で動かない」「発音が日本語っぽくなった」という経験をした人もいるのではないでしょうか。筆者も、学生時代・現在でも海外から帰国した際・長期休みで英語を話さなかった際に、同じような現象を何度も経験しています。定期的にブラッシュアップしましょう。

●用意するもの

- 生の英語音声（5 分以上）

練習POINT

Netflix でドラマ、映画、あるいは VOA、NPR、BBC、CNN 等のニュース等、現地の英語が聞けるものであれば問いません。

●メニュー

気軽なやり方（簡易版）

音声を流し、5 分程度気軽にシャドーイングをする。

練習POINT

ブランクが短ければ、これだけでも英語の感覚・発音の感覚がある程度戻ります。

しっかりブラッシュアップ（通常版）

⑴ 音声を流し、5 分間、音に集中してシャドーイングをする。
⑵ 意味も考えながら、さらに続きを 10 分程度シャドーイングをする。

練習POINT

徐々に口がなめらかになって戻ってくるのを感じましょう。はじめは、口が回らない・音がうまく聞き取れないと感じるかもしれませんが、このブラッシュアップを行うことで、聞こえがよくなり、口も回るようになってきます。また、通常版の最初の5分のウォーミングアップの後の10分は、意味は無理に考えなくても大丈夫ですが、上級者であれば考えながらシャドーイングをすることで、強制的に負荷をかけることができます。時間や長さも、ブランクの長さにもよるので、自分なりにアレンジして使いましょう。筆者は今でも授業の前や学会発表の前に行ったりします。

⑥ 楽しんでシャドーイングをしたい。
【カラオケシャドーイング】

邦楽のように洋楽もシャドーイングでマスター

3章のコラムで紹介したカラオケシャドーイングです。日本語でも、新しい歌を覚えようとする際には、歌詞を聞きながらメロディーに乗せて1人で自然に歌うことから始めると思います。シャドーイングもできるし、歌も覚えられるので、一石二鳥です。

●用意するもの

- 好きな歌
- 英語の歌詞

練習POINT

- 努力してでも歌えるようになりたいと思うものを選びます。
- はじめは、ゆっくり目の曲を選ぶ方がやりやすいでしょう。

●方法

「学習」ではなく「趣味」として気軽に取り組みましょう。一緒に歌って、時々歌詞を確認して、最後はカラオケで1人で歌えるように楽しみながら練習します。

- 1日に費やす時間の目安：10分程度（気が向いた時）

●メニュー

初日

⑴ 曲を聞いて、頭の中でシャドーイングする。

⑵ 一緒に歌ってみる（ほとんどできなくても気にしない。mumblingのようなイメージで）。

⑶ 歌詞を見ながら歌ってみる。

練習POINT

まずどのくらいついていけるかを、歌詞なし・ありで把握しましょう。

2日目

⑴ 歌詞を見ながら曲を聞く。

⑵ 歌詞を見ながらシャドーイングする。

練習POINT

歌にかぶせない。必ず歌詞を聞いて、わずかに遅れて自分も発声しましょう。

3日目

⑴ 歌詞を見ずに歌をシャドーイングする。

⑵ 歌詞を見ながら歌をシャドーイングする。

⑶ カラオケと同じようにボーカルの声なしで歌詞のみで歌う。

4日目以降

上記の組み合わせを好きな形で気が向いたときに繰り返しましょう。

完成時

カラオケで歌う。

練習POINT

ある程度歌えるようになっても、通常、うまく歌えない箇所があります。そこは、重点的に繰り返しましょう。また、母音を挿入してしまうと、リズムが遅れたり、ついていけなくなったりします（2-5）。一緒に細かい発音を確認して語彙や歌詞の意味も考えながら進めるとなお効果的です。LyricsTraining（https://lyricstraining.com/）では、YouTube を利用して、カラオケの動画も見られるので、ぜひ活用してみてください。

まとめ

本章では、ニーズに合わせて、シャドーイングを個人で活用するための 6 つの具体的なメニュー例を、理論と筆者の経験を踏まえて提案しました。

- 英語圏に旅行するときに、英語を聞き取れるようにしたい。
  【1 ヶ月で英語耳】
- TOEIC の点数を 500 点から 600 点にアップさせたい。
  【2 ヶ月集中トレーニング】
- 洋画やドラマを見られるくらいまで、耳を鍛えたい。
  【3 ヶ月毎日コツコツと】
- ネイティブのようなスピードで話したい。
  【じっくりものまね shadowing7 週間】
- 英語の発音を維持したい。
  【定期的にシャドーイングでブラッシュアップ】
- 楽しんで行うお勧めの方法
  【カラオケシャドーイング】

個人学習でシャドーイングを活用する際に一番大事なのは、楽しみの要素を見つけて続けるということです。高校までは、テストや入試という外発的動機づけがありましたが、それ以降は、自分のスキルアップとして英語を学び続けます。苦しすぎては長続きしません。楽しいから、そして、効果を感じるから続けられるのではないでしょうか。少し気楽な気持ちで取り組みつつも、力を入れるところは集中して、メリハリをつけて活用してください。筆者も、困ったときのシャドーイング頼みで、英語の聞こえが悪くなってきたり、うまく舌が回らず発音がイマイチになったりするときには集中的にシャドーイングに取り組んでブラッシュアップしています。ぜひ、皆さんもシャドーイングを自分の身近なツールとして活用してください。

column

「身近なシャドーイング」

筆者の学生時代は、およそ20年ほど前ですが、今ほど第二言語習得という学問も発達しておらず、世の中のテクノロジーも進んでいませんでした。その中で、試行錯誤して英語を学習したのですが、今は当たり前のように学習法として用いられるシャドーイングやディクテーション・音読を、その効果も理論もわからず取り入れていたことに、後になって気がつきました。

当時は、Friendsというアメリカのドラマが流行っており、最初の数巻をDVDで購入して、ディクテーションをして、気になる語句や表現をノートに書き留め、text-presented shadowingや音読を納得するまで繰り返して、登場人物の真似をして発音して、字幕なしで観られるようにしたものでした。

洋楽も歌えたらかっこいいなとI'll be missing you（Puff Daddy）をひたすら練習し、特にラップのところをどうしてもマスターしたくて、歌詞を見て一緒に歌い、歌詞なしでも挑戦してみたりしていたのですが、これもカラオケシャドーイングをしていたことになります。日本ではあまりなじみのないカントリーというジャンルの音楽が好きなので、Faith HillとTim Mcgrawをよく聴いていますし、Sara Barreilasの歌詞が好きで今でもよく練習しています。

シャドーイングは、このように特殊なトレーニング方法ではなく、実は身近な練習方法です。理論的にも理にかなった効果的な方法ですし、その効果は何より筆者が身をもって体験しています。ぜひ、有効に活用してください。

第9章 シャドーイング研究

本書では、シャドーイングの効果と方法について、研究成果を交えて紹介してきました。最後に、これまでの研究を踏まえて今後のシャドーイング研究の方向性についてまとめます。

9-1 シャドーイング研究の分野と位置づけ

●研究分野と学術的位置づけ

第1章の冒頭でも触れましたが、第二言語・外国語習得法としてのシャドーイング研究の年数は浅く、今後のさらなる研究が期待されています。その研究分野を細分化すると、リスニング関連とスピーキング関連が主流で、シャドーイングと学習者心理の関係や、シャドーイングのメカニズムに関する研究も行われています。学術的位置づけで考えると、TESOL（Teaching English to Speakers of Other Languages）、英語教育、Applied Linguistics（応用言語学）、Second Language Acquisition の研究として位置づけられます。

シャドーイングは、指導や学習効果も見えやすく、TESOL や英語教育の分野で、リスニング力の向上と発音の改善を目的として研究されています。また、訛った英語を聞くことにより、自分の英語の訛りを改善させたりする効果もあるため、World Englishes や English as a Lingua Franca（ELF）といった英語の多様性を扱う研究分野に属することもあります。第二言語習得論の枠で考えると、言語習得の段階について、知識を獲得し（declaration）、その知識を使えるようにして（proceduralization）、自動化する（automatization）とする Skill Acquisition Theory（スキル獲得理論）（DeKeyser, 2015）で説明することができます（Hamada and Suzuki, 2022）。シャドーイングは、音声知識のリスニング及び発音の習得プロセスを、手続き化を経て自動化に向けて鍛える方法です（☞1-3）。

● Audio Lingual Aporoach との違い

シャドーイングは一見、聞いてきたものをただ同時に繰り返す活動であるため、Audio Lingual Approach を連想させ、批判されることがあります。Audio Lingual Approach は、行動主義の構造言語学を背景とする教授法で、文脈や背景から切り離して「リピート・繰り返し・暗記」を繰り返して言語習得を目指すものです（Lightbown & Spada, 2013, p. 213）。リスニング力を鍛えるためのシャドーイングでは、確かに聞こえてきた音声を同時に繰り返しますが、それは、音声知覚を鍛えるという、リスニングプロセスを鍛える手段として行うものです。暗記は求めませんし、シャドーイングの出来映えは問いません。この点からも、Audio Lingual Approach とは方向性が異なります。

また、発音の改善のためのシャドーイングでは、必ず文脈のある題材を使い、実際の目標とする人物を視覚的にも模倣できるように動画を用います。つまり、意味のある文章・スピーチを練習し、シャドーイングを通して体得していくので、この点においても、Audio Lingual Approach とは異なります。

国際学会や国際誌での発表の際は、この点をわかりやすく説明することが、シャドーイングを理解してもらうカギとなります。

9-2 今後の方向性

最もニーズが高いのは発音改善に関する研究だと考えられます。シャドーイングとリスニングに関する研究データはある程度蓄積されてきました。発音はスピーキングに直結するため、海外でも関心が高いはずです。発音の習得は日本人が苦手とする点でもあるので、研究開発が期待されるのですが、研究数もまだ少なく、発音と言っても関連する要因が多く、明確な結論が出ているわけではありません。発音の分野におけるシャドーイングの位置づけとしては、わかりやすい発音を習得することによるコミュニケーションを促進する方法です。

高等学校の学習指導要領で、外国語科の目標は「外国語によるコミュニケーションにおける見方・考え方を働かせ、外国語による聞くこと、読むこと、話すこと、書くことの言語活動及びこれらを結び付けた統合的な言語活動を通して、情報や考えなどを的確に理解したり適切に表現したり伝え合ったりするコミュニケーションを図る資質・能力を次のとおり育成することを目指す。」(p. 12) と示されています。発音は、もちろんこの中の「話すこと」に位置づけられますが、「情報や考えなどを的確に理解したり、適切に表現したり伝え合ったりするコミュニケーションを図る資質・能力」に必要な、「理解する・表現する・伝え合う」(p. 13) の構成要因として、発音の役割は、一般的に考えられている以上に大きいと筆者は考えています。comprehensible pronunciation (わかりやすい発音) を目指すために、自分で選ぶお手本をシャドーイングして練習することができます。

その結果として、自分が相手にわかりやすい発音で表現し、相手はそれを理解できるからこそ、お互いに伝え合うことがスムーズになるはずです。発音改善にはそもそも時間と労力を要するため、シャドーイングは発音改善に効果的な成果をあげられるという研究が発表されれば、注目されることでしょう。また、これまでの研究で、シャドーイングにより発音の改善が明確に確認できているのは、主に英語上級者です。一般の英語学習者にも効果的なシャドーイングを使った発音練習方法を開発できれば、インパクトは大きいはずです。

もう1つ挙げるとすれば、シャドーイングとリスニング以外の言語習得を扱う研究でしょう。門田 (2015) によると、シャドーイングの効果はリスニング力向上だけではないとされています。シャドーイングとリーディングの関係を扱った研究 (Nakanishi & Ueda, 2011) もあり、シャドーイングと他の技能を組み合わせてリスニング力や発音以外の技術を向上させることを示すことができれば、今後注目を集めると思います。例えば、シャドーイングの即時性を生かして、語彙の処理に結びつけたりすることも可能かもしれません。

シャドーイングは、その性質上、繰り返しと忍耐を伴うため、生き生きとしたコミュニケーションに直結するような研究と比較すると、海外での認知度はいまだ高くないのが実情です。実際のところシャドーイング研究は日本を筆頭に、多くはアジア圏で行われています。

今後、シャドーイング研究がより脚光を浴びるためには、①シャドーイングの言語習得上の位置づけを説得力のある形で示していくことと、②他の手法に比べてどの程度効果的であるかを示していくことの2点が重要です。①

に関しては、Hamada and Suzuki（2022）にて、スキル習得理論の観点からの理論的枠組みを説明しましたが、学習者の言語習得の枠組みにおいて、どのような役割を担うのかを示していくことにより、シャドーイングの位置づけが確立されていくと思います。②に関しては、既にシャドーイングの効果は示されていますが、他の手法と比較しても顕著な効果が見られることが証明できれば、注目度は高まります。

9-3 どのようなテーマがあるか

シャドーイングはまだ発展途上の研究分野であり、今後は、シャドーイングを行う際にふと疑問に思うことを解決していくことが、研究の発展と学習者の皆さんへの貢献となると思います。

● 小学校におけるシャドーイング

これまでシャドーイング研究の対象の中心は、臨界期を過ぎた中学生以上だったため、児童を対象としたリスニング・発音への影響に関する研究は非常に少ないのが現状です。音声に対する柔軟性の高い児童にシャドーイングを楽しみながら練習させることで、積極的な効果が得られるとなれば、先生にとっても児童にとっても朗報です。もしかしたら、今一番ホットな分野かもしれません。

● シャドーイングの負担感

シャドーイングは、**少し大変だから効果があるのか**、それとも、**気楽に取り組んでも効果が出るのか**、という疑問に対する答えはまだありません。理論的には、認知資源を音声に集中させ、認知的に負荷をかけることで効果を出すものですが、心理面から考えるとそれでは継続して練習するのが難しいという正直な声もあると思います。これらの要素についてデータを示すことで、自信を持って自学・指導ができるのではないでしょうか。

● シャドーイングと動機づけ

動機づけは、長年にわたり広範囲で深い研究が行われてきていますが、既存の代表的な動機づけ理論の枠組みの中で、シャドーイングがどのモデルに合致し、実践的に学習動機を高めることがわかれば、新たな切り口としての研究が始まるかもしれません。シャドーイングを行うことで、リスニング力が高まり、英語への学習動機が高まるのか、それとも、英語への学習動機が高いことによってシャドーイングへの動機が高くなるのか等を検証するのも斬新でしょう。

●発音のわかりやすさ（comprehensibility）をより高める方法

第 2 章で、Foote and McDonough（2017）と Hamada（2017）の研究を紹介しましたが、発音の改善で対象となるのは主に英語力の高い学習者です。Shao et al.（2023）では中国の英語学習者に対してのシャドーイングの有効性が報告されています。もしも何らかの形で、シャドーイングを使ってより広い範囲での日本人の学習者の comprehensibility を高めるという発見がなされれば、大きな意味を持つでしょう。教師のフィードバックの効果などを取り入れると、発音研究としても幅が広がる可能性があります。

●他の方法との比較や組み合わせ

シャドーイングの効果については研究されてきましたが、実は、シャドーイングが他の方法と比べてどの点にどのような効果があるのかについては、あまり議論されてきていません。リスニング分野において、シャドーイングとディクテーション、extensive listening などとの**比較**や、発音分野において explicit instruction や phoneme perception の指導との比較や**組み合わせ**に関する研究を行っても面白いでしょう。

まとめ

シャドーイングの研究には、英語教育寄りと第二言語習得論研究寄りの切り口があり、研究内容は、リスニング力向上・発音改善に関するものが多く、発音に関する研究や小学校英語におけるシャドーイング研究は今後さらに発展することが期待されています。

以下に、各分野ごとに代表的な文献を紹介しますので、今後の研究の参考にしてください。分野は大枠で分けていますが、研究によっては重複している場合もあります。

リスニング

著者	内容	実験協力者
玉井（1992, 1997）	シャドーイングとリスニングとの関係に関する先駆的研究	高校生・大学生
Onaha（2004）	音韻記憶・リスニング・シャドーイング・ディクテーションについての研究	大学生
Lin（2009）	シャドーイングのリスニング力とスピーキング力向上への効果を測った台湾での研究	中学生
加藤（2009）	航空英語能力習得に向けリスニング力向上を目的とした5ヶ月の長期にわたる研究	大学校生
倉本・西田・磯辺・氏木（2010）	Web based Trainingを利用したシャドーイングの効果を検証した研究	大学生
Chung（2010）	シャドーイングのリスニング力とスピーキング力向上への影響を調査した韓国での研究	中学生
望月（2010）	大学生以外の学習者に対して、リスニング力への影響の調査を行ったシャドーイング研究	中学生・高校生・高専生
Nakayama and Mori（2012）	Visual-Auditory Shadowingの、リスニング力への影響を検証した研究	大学生
Hamada（2012, 2014, 2015, 2016a, 2016b）	シャドーイングのリスニング向上のための使用法開発の研究	大学生
中山・鈴木・松沼（2015）	シャドーイングは文章理解のどの側面に効果があるのかを調査した研究	大学生
Hamada（2019b）	シャドーイング研究のレビュー論文	なし
Hamada and Suzuki（2021）	シャドーイングの、訛りのある英語のリスニングへの効果を検証した研究	大学生
戸井（2022）	シャドーイングとリスニングの関係について児童を対象にした研究	小学生
Hamada and Suzuki（2022）	シャドーイングの理論的枠組みをSkill acquisition theoryから考察し、シャドーイングの種類をまとめた論文	なし

リーディング

Kuramoto, Shiki, Nishida and Ito（2007）	Shadowing、text-presented shadowing、2つのshadowingの混合、reading aloudについて、リスニングとリーディング力との関係を検証した研究	大学生

Shiki（2010）	シャドーイングとリーディングの関係に関する研究	大学生
Nakanishi and Ueda（2011）	多読とシャドーイングのリーディング力との関係を調査した研究	大学生

スピーキング

Murphey（2001）	シャドーイングをコミュニケーション力育成に活用するための質的研究	大学生
岡田（2002）	シャドーイングのプロソディへの影響を調査した研究	大学生
Wiltshier（2007）	シャドーイングを教室で活用するための複数の方法を提示した論文	なし
西田・大和（2010）	シャドーイング・リピーティングの発音（/r/と /l/ の分節音）への影響を調査した研究	中学生
Mori（2011）	シャドーイングと音読のプロソディへの影響を調査した研究	大学生
Amoli and Ghanbari（2013）	イランで行われたシャドーイング(conversational shadowing）のスピーキングの正確性への影響を調査した研究	語学学校生
飯野・薮田（2013）	日本人大学生のシャドーイング・音読・スピーキングの関係を調査した研究	大学生
Hsieh, Dong, and Wang（2013）	シャドーイングの発音・流暢性・イントネーションへの影響を調査した台湾での研究	大学生
飯野（2014）	シャドーイングのスピーキング力への影響と情意面・効果感・上達法に関する認識を調査した研究	大学生
Zakeri（2014）	シャドーイングの流暢性への影響を調査したイランの研究	大半が大学生
Foote and McDonough（2017）	シャドーイングの発音への影響を細かく明瞭性・訛り・流暢性・模倣性の観点及び学習者認識から調査した研究	大学生
Hida（2020）	シャドーイングの発音（弱系母音 /ə/）への影響を調査した研究	中学生
Hamada（2021）	シャドーイングを利用した発音改善とリスニング力向上の方法を提案した論文	なし
Shao, Saito, and Tierney（2023）	中国人英語学習者を対象にした、シャドーイングと発音の関係を分析した研究	高校生

心理

Hamada（2011）	シャドーイングと学習者心理の関係を調査した研究	大学生
Shiota（2012）	シャドーイングの学習者への心理を考察したレビュー論文	なし

メカニズム・評価・言語習得

羅・下村・峯松・山内・広瀬（2008）	シャドーイング音声の自動評定法に関する研究	英語学習者（上位・中位・下位）
Miyake（2009）	Phrase shadowing の認知処理に関する研究	大学生
羅・喬・峯松・山内・広瀬（2009）	シャドーイング・音読発音評価・話者適応に関する分析をした研究	英語学習者（様々なレベル）
Luo, Minematsu, Yamauchi and Hirose（2009）	シャドーイング・音読とスクリプトありshadowingの自動言語能力評価に関する分析をした研究	英語学習者（上位・中位・下位）
Shiki, Mori, Kadota and Yoshida（2010）	シャドーイングとリピーティングの復唱率と復唱される語に関する研究	大学生
Oki（2010）	潜時（latency）とシャドーイングについての研究	高校生
中山（2011）	ビジュアル・シャドーイング、音声シャドーイング・混合の機能語・内容語の知覚促進への効果を検証した研究	大学生
Oki（2012）	シャドーイングと句知識・文脈・能力の関係についての研究	高校生
中山・鈴木（2012）	Self-monitoring と Pair-monitoring のシャドーイング復唱力との関係を調査した研究	大学生
大木（2011）	シャドーイング開始期の、復唱ストラテジーの分類に関する研究	高校生・大学生
De Guerrero and Commander（2013）	shadow-reading という shadowing を応用した様々な活動を含んだ教え方に関するプエルトリコでの研究	大学の ESL の学生
Shi, Kashiwagi, Toyama, Yue, Yamauchi, Saito and Minematsu（2016）	シャドーイングのエラー検知と自動評価についての研究	大学生
Hashizaki（2021）	シャドーイングと記憶・速度・回数・教材の難易度に関する研究	大学生

付録 まとめのQ&A

本書のまとめとして、よく相談される**質問**やよく見かける**宣伝文句**から、シャドーイングについてQ＆A形式でまとめてみました。各質問に対して簡単な回答と該当する章を示すので、復習を兼ねて考えてみてください。

シャドーイングは効果がありますか？

効果はあります。リスニング力の中の**音を聞き取る力の育成**がメインです。英語の基礎力があるのにリスニングが苦手という人には特に効果があります。発音改善にも効果がありますが、中～上級者対象です。ポイントを抑えて練習するのが上達への近道ですので、まず、シャドーイングの基本的効果と自分の弱点・目的を確認し、基本手順を使って練習しましょう。 **（第１章・第２章）**

シャドーイングはお勧めしませんというのは本当ですか？

お勧めできないのは、英語学習の目的がシャドーイングの理論と効果に一致しないときです。例えば、シャドーイングはリスニング力の向上に効果的ですので、ライティング力やリーディング力を短期間で向上させたい人にはお勧めしません。また、シャドーイングで発音を改善したい場合は、モチベーションを高く持って根気強く練習する必要があるので、少しだけ努力して発音を劇的に改善させたいと思っている人にはお勧めしません。単語力が非常に乏しい人も、基礎的単語力の習得が優先ですので、まだお勧めしません。このように、自分の英語力と目的がある程度明確であれば、シャドー

イングがお勧めであるかどうかは判断できます。（**第 1 章・第 2 章**）

英語初心者ですが、シャドーイングで英語がうまくなりますか？

英語の基礎力があってリスニング力が弱い人でしたら、効果は出やすいですが、英語の基礎力がない（文法も単語力もかなり乏しい）全くの初心者でしたら、残念ですがシャドーイングの効果はかなり限られると思います（**第 1 章・第 2 章**）。ただし、カラオケシャドーイングであれば、楽しく歌を覚えながら歌詞を覚えたり、発音に関しての少しの効果は見込めると思います（**8-4**）。

シャドーイングで劇的にリスニング力が上がったという噂は本当でしょうか？

この可能性は大いにあるでしょう。リスニング力のうち、ボトムアップ処理が弱く、ある程度の単語力や文法力を持っている人ほど、即効性が高いでしょう。つまり、英語力が中級くらいでリスニング力が基礎レベルの人ほど、効果は劇的に感じられる可能性はあります。一方、既にボトムアップスキルが高い人は、ブラッシュアップの効果はあると思いますが、劇的に上がったとは感じられないかもしれません。（**第 2 章**）

シャドーイングで英語力全体が激変することはありますか？

シャドーイングをすれば英語力全体が劇的に上がるわけではありま

せん。シャドーイングが効果を発揮するのはリスニングと発音の側面です。それ以外は、影響がないわけではないとは思いますが、過剰な期待はかえって動機を低下させてしまいます。（第２章）

シャドーイングはスピーキング活動だと聞きましたが本当ですか？

シャドーイングは、一見、スピーキング活動に見えますが、スピーキングの活動とは言えません。なぜなら、シャドーイングを行っている際は、発話の意図や発言の内容を考える余裕はなく、大半の場合が音声を聞くことと、それを復唱することに注意力が向くからです。それゆえに、シャドーイングは、リスニング力育成の活動またはスピーキング力の中の発音の改善の活動と言えるでしょう。

（第２章）

シャドーイングをすれば英語が話せるようになるのでしょうか？

シャドーイングを練習すれば発音の改善は見込めますが、直接的に英語が話せるようにはならないでしょう。英語を話すためには、自分の中にある英語表現を上手にアウトプットする必要がありますが、シャドーイングがそのアウトプットに寄与するのは、発音の部分がメインです。野球を例にすると、筋トレをすることによってヒットを打てるようになるか、という質問と似ています。打球の速度は上がるかもしれませんが、筋トレがヒットの量産に直接的に結びつくかは疑問でしょう。（2-6）

音読・シャドーイング・ディクテーション、どれをやればいいですか？

それぞれ役割が異なるので、現状と目的によります。シャドーイングは、最後に行うのがよいでしょう。**ディクテーション**では、音と文字（綴り）と意味の３セットを吸収することができる一方で、それぞれに認知資源が分散されます。**音読**は、自分の読んでいる声と文字・意味に意識が向くので、リスニング面への意識が弱くなります。それゆえに、音と意味と文字がある程度吸収できたら、シャドーイングを活用して最も苦手な、**音声**のみに集中して取り組むのが効果的でしょう。 **（第１章）**

シャドーイングを TOEIC 練習に入れているのに、なかなか伸びません。

伸びない理由を明確にしましょう。可能性としては、1）TOEIC に関連する単語力が不足している、2）シャドーイングの方法が間違っている、3）シャドーイングで伸びる力は既に上限に達している、の３つが代表的です。

1）シャドーイングは、知っているはずなのに聞き取れない単語を聞き取れるようにする方法ですので、そもそも知らない単語は聞こえるようにはなりません。その場合は、単語を覚えることから始めましょう。その際は、文字・意味・音を一緒に覚える必要があるので、音読をシャドーイングと併用して進めると効果的です。

2）リスニング力を向上させるためのシャドーイングの手順は **3-3** を参照してください。また、既に単語・内容がわかっている教材で練習する必要があります。

3) 既にはっきりと音が聞こえる人は、それ以上シャドーイングを行うよりも、別の練習法を取り入れた方が点数に直結します。例えばPart 1 & 2は比較的ボトムアップ寄りの力（音声が聞き取れれば答えやすい）が問われますが、Part 3 & 4はそれを前提として、内容をしっかり理解し、細かい点を聞き取る力が要求されています。TOEICの中でも、どの範囲が苦手なのかを確認してみてください。（8-3）

リスニング力を高めるためにシャドーイングをするときは音声の意味も考えるべきでしょうか？

音と意味を切り離すために、通常は考えないで練習しましょう。シャドーイングを行ってみるとわかりますが、シャドーイングをしている最中は、認知資源の大半が音を聞き取ることに使われるため、その意味を考える余裕はありません。そこで無理に音と意味を結びつけようとすると、せっかく音に向いていた認知資源が分散されて、聞く力が伸びません。シャドーイングの手順として、その日の最終段階では意味を考えながら行うとよいですが（content shadowing）、通常はあえて切り離すのがポイントです。（第2章）

シャドーイングはゆっくりのスピードで行った方がよいのでしょうか？

リスニング力向上のために用いる場合は、完璧に復唱する必要はないので、最終的に聞き取りたいスピードで行うのがお勧めです。ゆっくりの教材で取り組んでもスピードが上がるとまた聞き取れなくなるので、最初から速いスピードに慣れましょう（3-2）。その一方で発音を改善するために行う場合は、100%コピーすることを

目指して行うので、自分の注意が細かいところまで向くスピードで行う方がよいでしょう（**3-2・3-4**）。

シャドーイングはどんな教材を使ってもよいのでしょうか？

リスニング力の向上を目的とする場合は大前提として、教材は意味を理解しているもの、あるいは初見で意味が取れる程度の難易度、が基本です。逆に言うと、多少難しい教材でも、自分のレベルにあっていれば（内容を理解できるレベル）使えるということです。
発音の改善を目的とする場合は、慣れるまではやや容易な教材を選んだ方がやりやすいです。

（**3-2・3-4**）

映画をシャドーイングするのはお勧めですか？

学習者レベルによります。かなりの初級レベルですと、難しいと思いますが、中級レベル以上の方は挑戦してもよいと思います。**8-3**
③に映画を使ったリスニング力向上の方法を紹介しています。

シャドーイングでリーディング力は伸びますか？

基本的に、シャドーイングはリスニング力と発音の改善のための方法です。リーディング力を伸ばすには別の方法がより効果的でしょう。Hamada（2016a）でも、shadowing と repeating の効果を検証しましたが、repeating の方がリーディングにはよい影響がありました。

（**第 1 章**）

リスニング力を向上させたいですが、シャドーイングが苦痛です。どうしたらよいでしょうか

いくつか理由が考えられます。1）内容を理解していない、あるいは難しい教材を使っている、2）スピードについていけずシャドーイングできない、3）シャドーイングの原理を理解していない。

1）自分のレベルにあった教材を使用しましょう。内容が難しい教材の場合は、必ず単語や内容を理解してから行います。

2）リスニング力向上を目指している場合は、シャドーイングすることではなく、音が聞こえるようになることが目的ですので、ついていけないのはある程度割り切りましょう。あるいは、あまりに速すぎるものを使用している場合はスピードを落とします。

3）シャドーイングは筋トレのようなものなので、原理を理解しないと苦しいです。なぜ練習するのかを理解して練習しましょう。

（第 1 章・第 2 章）

シャドーイングが苦しいのですが、どうしたらよいのでしょうか？

言語学習はできるだけ楽しんで行うのが理想ですが、シャドーイングは、その性質上認知負荷が高く、しんどいがゆえに、効果があるという考え方があります。つまり、かなりの集中力を使うことで、現在の自分の弱点（音を聞き取るプロセス等）を克服することができるため、逆に気楽に集中力を使わずに行うと、負荷が小さくなって力が伸びない可能性があります。それゆえに、ある程度割り切って行うのが前提でありますが、楽しみを見出すためにも、自分で教材を選べる環境であれば、興味のある題材で取り組むのがお勧めです。特に、発音改善のために取り組む場合は、自分が真似したい好きな対象を選ぶことは重要です。

（2-8・3-2）

シャドーイングは世界中で人気があるのでしょうか？

シャドーイングの知名度が最も高いのは日本だと思います。これは推測ですが、日本では古くから寺子屋などで音読が行われていましたし、絵本の読み聞かせ、国語の教科書の朗読など、声に出して繰り返す活動に対する抵抗が少ないのかもしれません。そのため、精神的にも負荷のかかる地道なシャドーイングに対しても続ける耐性がある気がします。実は、海外でシャドーイングの学会発表や論文投稿をすると「ただの音声の繰り返しで、コミュニケーションではないのではないか」となかなか理解してもらえず、批判を受けることもあります。また、英語と似ている第一言語（例えばドイツ語）の話者は、そもそも音を聞き取ることに問題があまりないケースもあります。とはいえ、世界の複数の地域の先生からシャドーイングの使い方に関する相談が来たりすることもあり、少しずつ広まってきている気がします。

同じ教材をどのくらい続ければよいのでしょうか？

リスニング力の向上を目的とする場合は、同じ教材を毎日繰り返すのではなく、ある程度取り組んだら変えていきますが、発音の改善を目的とする場合は、同じ教材をマスターするまで取り組みます。リスニングの場合は、1つの題材に対してシャドーイングは、合計で5回程度でよいでしょう（**3-3**）。1セット15～20分で、次の教材に移って様々な音声で練習します、発音を改善させるためには、徹底的に自分の弱点を克服しながらモデルとなる対象を真似ていくので、マスターするまで数週間単位で練習していくことになるでしょう（**3-4**）。

シャドーイングに口がついていかないのですが、よいのでしょうか？

リスニング力向上のために行っている場合はかまいませんが、発音改善のために行っている場合は、対策が必要です。リスニング力向上のために重要なことは、音を聞き取ることであり、シャドーイングがうまくできるかどうかは実は大きな問題ではありません。シャドーイングをする過程で、音を聞き取る力が鍛えられればそれでよいのです。逆に、発音の改善のためには、口がついていけないと意味がないので、あまりに速すぎる教材は避けましょう。なんとかなりそうな場合は、音読や、スクリプトを見ながらのシャドーイングも入れて、練習を積み重ねましょう。 **（第 3 章）**

仕事で英語の会議があるのでシャドーイングを練習していますがイマイチ聞き取りが上達しません。どうしたらよいでしょうか？

考えられる理由は２つあり、１つ目は、仕事に関連する単語を習得しているでしょうか？　いくら英語が聞こえるようになっても、単語がわからないと理解はできないので、まずは語彙の確認です。２つ目は、その分野の背景知識の問題です。リスニングをする際は、ボトムアップ処理とトップダウン処理を行うので（**2-2**）、後者にかかわる背景知識があった方が絶対的に有利です。これら２つを確認したうえでシャドーイングを行えば、聞き取りはうまくなると思います。加えて、生の英語を聞けるようになりたいのに、シャドーイングに使用しているのが教科書のきれいな英語では、遠回りです。少し大変でも、生の英語（映画・ドラマ等）で練習しましょう。

シャドーイングを授業で使うときは、評価をどうすればよいでしょうか？

校種によって異なりますが、小・中学校では、あまり評価はせず、するとしても、単元の評価基準の達成度合いという形で間接的に評価します（4-3、5-3）。高校では、使い方によって評価の仕方が変わります。リスニング力の向上を目的とする場合は、ボトムアップスキルを測るようなリスニングテスト（例えば、語彙の穴埋め）を用意し、発音の改善を目的とする場合は、シャドーイングしたものを提出させて、それを音節評価・チェックポイント法・再生率評価・理解性評価などで評価することができます（6-3）。

小学校でシャドーイングを使うときのポイントは何ですか？

小学生は、中学生や高校生よりも耳がいいので、発音の習得を目的として使うのがよいでしょう。また、シャドーイングを練習するというよりも、自然な形で取り入れて、抵抗を持たせないように楽しめるように行うことを心がけましょう。そのためには、内容を理解した教材を使って、1回の取り組みに長時間は割かない方がよいでしょう。（4-4）

中学校でシャドーイングを使うときのポイントは何ですか？

中学校では、学年と実態に応じて臨機応変に活用しましょう。基本的には、1年生では、心理的負荷に注意して、リスニング力向上と発音の改善を半々くらいのイメージで進め、2年生になったら少し

負荷を重くして、リスニング力全体の底上げをしましょう。3年生になると、実際の状況とニーズが分かれてくるので、現状を把握して必要なときに必要な量を取り入れましょう。　（5-4）

高校でシャドーイングを使うときのポイントは何ですか？

高校では、ニーズに応じて使うのが効果的だと思います。授業で使用する場合は、メインの活動ではなく、授業外での活用を促進するために授業でも確認する時間を作り、サブとして活用します。模試や資格対策としては、短期間で集中的にリスニング力向上を目的として活用しましょう。大学入試対策として活用する場合は、入試に時期が近いほど、集中的に行い、遠い場合は少しずつ積み上げる形で活用してもよいでしょう。　（6-4）

大学でシャドーイングを使うときのポイントは何ですか？

高校までと違い、入試という大きなゴールがないため、授業で高めたいスキルに基づいて、明確な目的を学生と教員が共有したうえで、活用するのがよいと思います。教養科目としての英語でも使えますし、リスニング・スピーキング・TOEICに特化した授業でも活用できます。　（7-4）

あとがき

本書を執筆し終わった今、執筆のきっかけとなった時期、そして執筆中の数年の事を回顧しています。私は、皆さんと同じようにゼロから英語を学び、苦労して英語が使えるようになりました。本書を手に取ってくださった学習者の方々、学校の先生、研究者を目指す方、研究者の方のうち、一人でも多くの方にとって、今抱えている疑問や課題を克服する何らかの手助けになっていれば幸いです。

繰り返しになりますが、シャドーイングは万能薬ではありませんが、その基礎理論を抑えて継続的に取り組めば、音の聞き取りや発音改善には抜群の効果を発揮します。私が十何年もシャドーイング研究を続けられたのは、その魅力を、リスニングに苦しんだ一人の学習者として、そしてシャドーイングを楽しみながら研究者として体感してきたからです。

本書の企画に賛同してくださったくろしお出版の皆様、特に、最初の段階からお世話してくださった藪本祐子様、そして、最後の最も細かく大変な段階をサポートをしてくださった池上達昭様には本当に感謝しております。また、鈴木祐一氏、若有保彦氏、藤田義人氏には特に貴重なご意見を頂戴し、Jason Tacker 氏には動画のご協力を頂きました。本書は、原稿に意見をくださった方々、直接的にあるいは間接的にインスピレーションをくださった方々のおかげで刊行することができました。

ちょうどシャドーイングが日本に「上陸」した頃デビューし、昨年 30 周年となった Mr.Children の櫻井氏が、「永遠」という曲について「これまでの曲のように、今度の新曲も『大きな』歌に育ってほしい」というようなお話をされていました（私の解釈が間違っていなければ）。比較するのはとてもおそれ多いですが、本書も、読者の皆様の日常のどこかで活用して頂き、私の見えない部分で少しでも大きな本になってもらえれば、幸いです。

＊本書にかかわる調査及び研究の一部は、JSPS 科研費（JP24720247、JP15K16788、JP18K00733）の助成を受けて行ったものである。

参考文献

Amoli, A, F., & Ghanbari, F. (2013). The effect of conversational shadowing on enhancing Iranian EFL learners' oral performance based on accuracy. *Journal of Advances in English Language Teaching, 1*(1), 12–23.

Carey, P. W. (1971). Verbal retention after shadowing and after listening. *Perception and Psychophysics*, *9*(1-B), 79–83.

Cherry, C. (1953). Some experiments on the recognition of speech, with one and with two ears. *Journal of the Acoustical Society of America*, *25*, 975–979.

Chung, Da-Un. (2010). The Effect of Shadowing on English Listening and Speaking Abilities of Korean Middle School Students. *English Teaching*, *65*(3), 97–127.

De Guerrero, M. C., & Commander, M. (2013). Shadow-reading: Affordances for imitation in the language classroom. *Language Teaching Research*, *17*(4), 433–453.

DeKeyser, R. M. (2015). Skill acquisition theory. In Van Patten B. and Williams J. (Eds.) *Theories in second language acquisition: An introduction,* 2nd edition (pp. 94–112). New York: Routledge,.

Derwing, T., & Munro, J. (2015). Pronunciation fundamentals: Evidence-based perspectives for L2 teaching and research. John Benjamins.

Du, G., Hasim, Z. & ,Chew, F. (2021). Contribution of English aural vocabulary size levels to L2 listening comprehension. *International Review of Applied Linguistics in Language Teaching*.

Field, J. (2008). *Listening in the language classroom.* Cambridge: Cambridge University Press.

Foote, J. A., & McDonough, K. (2017). Using shadowing with mobile technology to improve L2 pronunciation. *Journal of Second Language Pronunciation*, *3*(1), 34–56.

Hamada, Y. (2011). Psychological aspects of shadowing training. *Journal of the Japan Association for Developmental Education*, *6* (2), 60–71.

Hamada, Y. (2012). An effective way to improve listening skills through shadowing. *The Language Teacher, 36*(1), 3–10.

Hamada, Y. (2014). The effectiveness of pre-and post-shadowing in improving listening comprehension skills. *The Language Teacher, 38*(1), 3–10.

Hamada, Y. (2015). Monitoring strategy in shadowing: Self-monitoring and pair-monitoring. *The Asian EFL Journal Professional Teaching Articles, 81*, 4–25.

Hamada, Y. (2016a). Wait! Is it really shadowing? *The Language Teacher, 40*(1), 14–17.

Hamada, Y. (2016b). Shadowing: Who benefits and how? Uncovering a booming EFL teaching technique for listening comprehension. *Language Teaching Research*, *20*(1),

1–19.

Hamada, Y. (2017). *Teaching and learning shadowing for listening: Developing bottom-up listening skills for language learners*. New York: Routledge.

Hamada, Y. (2018). Shadowing for pronunciation development: Haptic-shadowing and IPA-shadowing. *Journal of Asia TEFL, 15*(1), 167–183.

Hamada, Y. (2019a). Shadowing: For better understanding accented englishes. *The Journal of Asia TEFL*, *16* (3), 894–905.

Hamada, Y. (2019b). Shadowing: What is it? How to use it. Where will it go? *RELC Journal*, *50*(3), 386–393.

Hamada, Y. (2021). Shadowing procedures in teaching and their future. *The Language Teacher*, *45*(6), 32–36.

Hamada, Y. (2022). Developing a new shadowing procedure for Japanese EFL learners. *RELC Journal*, *53*(3), 490–504.

Hamada, Y., & Suzuki, S. (2021). Listening to global Englishes: Script-assisted shadowing. *International Journal of Applied Linguistics*, *31*(1), 31–47.

Hamada, Y., & Suzuki, Y. (2022). Situating shadowing in the framework of deliberate practice: A guide to using 16 techniques. *RELC Journal. Online First.*

Hashizaki, R. (2021). The effect of shadowing on memorization of English chunks and its theoretical basis.『外国語教育メディア学会中部支部研究紀要』*31*, 39–52.

Hsieh, K. T., Dong, D. H., & Wang, L. Y. (2013). A Preliminary study of applying shadowing technique to English intonation instruction. *Taiwan Journal of Linguistics*, *11*(2), 43–66.

Hida, K. (2020). The effectiveness of shadowing in English weak vowels acquisition: A study of Japanese junior high school students. *Dialogue, 18,* 1–20.

Kuramoto, A., Shiki, O., Nishida, H., & Ito, H. (2007). Seeking for effective instructions for reading: The impact of shadowing, text-presented shadowing, and reading-aloud tasks. *LET Kansai Chapter Collected Papers*, *11*, 13–28.

Lambert, S. (1988). Information Processing among Conference Interpreters: A test of the depth-of-processing hypothesis. *Meta: Translators' Journal*, *3*, 377–387.

Lambert, S. (1991). Aptitude testing for simultaneous interpretation at the University of Ottawa. *Meta, 36*(4), 586–594.

Lambert, S. (1992). Shadowing. *Meta*, 37(2), 263–273.

Lee, B., Plonsky, L., & Saito, K. (2020). The effects of perception-vs production-based pronunciation instruction. *System*, *88,* 1–13.

Lightbown, M, P., & Spada, N. (2013). *How languages are learned*. Oxford: Oxford

University press.

Li, C.H. (2019). Using a listening vocabulary levels test to explore the effect of vocabulary knowledge on GEPT listening comprehension performance. *Language Assessment Quarterly*, *16*(3), 328–344.

Lin, L. (2009). *A study of using "shadowing" as a task in junior high EFL program in Taiwan*. Unpublished master's thesis, National Taiwan University of Science and Technology, Taipei.

Luo, D., Minematsu, N., Yamauchi, Y., & Hirose, K. (2009). Analysis and comparison of automatic language proficiency assessment between shadowed sentences and read sentences. *Proc. ISCA Workshop on Speech and Language Technology in Education*, 37–40.

Miyake, S. (2009). Cognitive processes in phrase shadowing: focusing on articulation rate and shadowing latency. *JACET Journal, 48*, 15–28.

Mori, Y. (2011). Shadowing with oral reading: Effects of combined training on the improvement of Japanese EFL learners' prosody. *Language Education & Technology*, *48*, 1–22.

Murphey, T. (2001). Exploring conversational shadowing. *Language Teaching Research*, *5*(2), 128–155.

Nakanishi, T., & Ueda, A. (2011). Extensive reading and the effect of shadowing. *Reading in a Foreign Language*, *23*(1), 1–16.

Nakayama, T., & Mori, T. (2012). Efficacy of visual-auditory shadowing. *Eibeibunka: Studies in English Language, Literature and Culture*, *42*, 55–68.

Oki, T. (2010). The role of latency for word recognition in shadowing. *Annual Review of English Language Education in Japan*, *21*, 51–60.

Oki, T. (2012). Word repetition in EFL shadowing: The roles of phrasal knowledge, context, and proficiency. *Annual Review of English Language Education in Japan*, *23*, 45–60.

Onaha, H. (2004). Effect of shadowing and dictation on listening comprehension ability of Japanese EFL learners based on the theory of working memory. *JACET Bulletin*, *39*, 137–148.

Rost, M. (2011). *Teaching and researching listening*, 2nd edition. Edinburgh: Pearson Education Limited.

Saito, K.(2014). Experienced teachers' perspectives on priorities for improved intelligible pronunciation: the case of Japanese learners of English. *International Journal of Applied Linguistics, 24*(2), 250–277.

Shao, Y., Saito, K., & Tierney, A. (2023). How does having a good ear promote instructed second language pronunciation development? Roles of domain-general auditory processing in choral repetition training. *TESOL Quarterly, 57*(1), 33–63.

Shi, S., Kashiwagi, Y., Toyama, S., Yue, J., Yamauchi, Y., Saito, D., Minematsu, N. (2016). Automatic Assessment and Error Detection of Shadowing Speech: Case of English Spoken by Japanese Learners. Proc. Interspeech 2016, 3142–3146.

Shiki, O., Mori, Y., Kadota, S., & Yoshida, S. (2010). Exploring differences between shadowing and repeating practices: An analysis of reproduction rate and types of reproduced words. *Annual Review of English Language Education in Japan*, *21*, 81–90.

Shiota, K. (2012). The effectiveness of shadowing on students' psychology in language learning. Accents. *Asia, 5*(1), 71–83.

Shiki, O. (2010). Exploring the Relationship between Shadowing Instruction and L2 Reading Comprehension among Japanese University Students. *Kwansei Gakuin University Humanities Review, 15*, 51–63.

Shiki, O., Mori, Y., Kadota, S., & Yoshida, S. (2010). Exploring differences between shadowing and repeating practices: An analysis of reproduction rate and types of reproduced words. *Annual Review of English Language Education in Japan*, *21*, 81–90.

Wiltshier, J. (2007). Fluency through shadowing–What, why, and how? In K. Bradford-Watts (Ed.), *JALT2006 Conference Proceedings*, 498–506. Tokyo: JALT.

Wood, N. L., & Cowan, N. (1995). The cocktail party phenomenon revisited: Attention and memory in the classic selective listening procedure of Cherry (1953). *Journal of Experimental Psychology: General*, *124*(3), 243–262.

Zakeri, E. (2014). The effect of shadowing on EFL learners' oral performance in terms of fluency. *International Journal of English Language Teaching*, *2*(1), 21–26.

飯野厚（2014).「シャドーイング練習が英語スピーキング力とシャドーイングの認識に及ぼす影響」『多摩論集』（法政大学多摩論集編集委員会), 30, 105–121.

飯野厚・籔田由己子（2013).「音読・シャドーイングとスピーキングの関係」『中部地区英語教育学会紀要』42, 139–146.

大木俊英（2011).「シャドーイング開始期における学習者の復唱ストラテジーの分類」『関東甲信越英語教育学会誌』25, 33–43.

岡田あずさ（2002).「英語のプロソディー指導におけるシャドウイングの有効性」『つくば国際大学研究紀要』8, 117–129.

加藤澄恵（2009）.「航空英語能力証明習得を目指したリスニング指導の考察」『言語文化論叢』3, 47–59. 千葉大学言語教育センター .

門田修平（2007).『シャドーイングと音読の科学』コスモピア.

門田修平（2015).『シャドーイング・音読と英語コミュニケーションの科学』コスモ

ピア.

門田修平・玉井健.（2004/2017）.『決定版英語シャドーイング』コスモピア.

倉本充子・西田晴美・磯辺ゆかり・氏木道人（2010）.「WBT 利用シャドーイング指導効果の検証：音声知覚力および英語理解力への影響」『外国語教育メディア学会機関誌』47, 93–111.

国立教育政策研究所（2020a）.『「指導と評価の一体化」のための学習評価に関する参考資料　小学校　外国語・外国語活動』https://www.nier.go.jp/kaihatsu/pdf/hyouka/r020326_pri_gaikokg.pdf

国立教育政策研究所（2020b）.『「指導と評価の一体化」のための学習評価に関する参考資料 中学校　外国語』https://www.nier.go.jp/kaihatsu/pdf/hyouka/r020326_mid_gaikokg.pdf

国立教育政策研究所（2021）.『「指導と評価の一体化」のための学習評価に関する参考資料　高等学校　外国語』https://www.nier.go.jp/kaihatsu/pdf/hyouka/r030820_hig_gaikokugo.pdf

迫田久美子・古本裕美・倉品さやか・山内豊・近藤妙子（2019）.『日本語教師のためのシャドーイング指導』くろしお出版.

静哲人（2019）.『発音の教科書：日本語ネイティブが苦手な英語の音とリズムの作り方がいちばんよくわかる』テイエス企画.

白畑知彦・冨田祐一・村野井仁・若林茂則（2011）.『英語教育用語辞典』（改訂版）大修館書店.

玉井健（1992）.「“follow-up”の聴解力向上に及ぼす効果および“follow-up”能力と聴解力の関係」『STEP BULLETIN』4, 48–62. 日本英語検定協会.

玉井健（1997）.「シャドーイングの効果と聴解プロセスにおける位置づけ」『時事英語学研究』36, 105–116.

戸井一宏（2022）.「シャドーイングが児童のリスニング力にもたらす効果」『JASTEC研究紀要』40, 1–18.

中野弘三・服部義弘・小野隆啓・西原哲雄（監修）（2015）.『最新英語学・言語学用語辞典』開拓社.

中山誠一（2011）.「ビジュアル・シャドーイングの効果」『リメディアル教育研究』6(2), 151–159.

中山誠一・鈴木明夫（2012）.「学習方略の違いがシャドーイングの復唱量に与える影響」『リメディアル教育研究』7(1), 131–140.

中山誠一・鈴木明夫・松沼光泰（2015）.「シャドーイング法は文章理解のどの側面に効果があるのか」『学習開発学研究』8, 203–209.

西田裕太郎・大和知史（2010）.「復唱を用いた発音指導による分節音 /r/, /l/ への効果：

シャドーイングとリピーティングの比較から」『神戸大学国際コミュニケーションセンター論集』7, 37–50.
望月肇（2010).「日本の学校英語教育におけるシャドーイング実践研究」『第二言語としての日本語の習得研究』13, 71–94.
文部科学省（2017).『小学校学習指導要領（平成29年告示）解説』
文部科学省（2017).『中学校学習指導要領（平成29年告示）解説　外国語編』
文部科学省（2018).『高等学校学習指導要領（平成30年告示）解説　外国語編　英語編』
羅徳安・喬宇・峯松信明・山内豊・広瀬啓吉（2009).「シャドーイング・音読発音評価を目的とした話者適応の分析と応用」『電子情報通信学会技術研究報告』109(99), 51–56.
羅徳安・下村直也・峯松信明・山内豊・広瀬啓吉（2008).「外国語学習を対象としたシャドーイング音声の自動評定法に関する検討」『電子情報通信学会技術研究報告』108(116), 55–60.

濱田 陽（はまだ よう）

1982年生まれ。秋田県秋田市出身。秋田大学高等教育グローバルセンター教授。テンプル大学教育学研究科修士課程修了、広島大学大学院教育学研究科博士課程修了。博士（教育学）。秋田県立高校の教諭を経て現職。
専門は、応用言語学・リスニング・発音。
著書に『Teaching EFL Learners Shadowing for Listening』（Routledge、2017）、共著に『第二言語習得研究に基づく英語指導』（大修館書店、2017）『英語学習の科学』（研究社、2022）。国際誌を含め、シャドーイング関連の論文を多数発表している。

よくわかる英語シャドーイング
―実践から指導まで―

初版第1刷 —— 2024年 4月 25日

著　者 ——— 濱田 陽

発行人 ——— 岡野 秀夫

発行所 ——— 株式会社 くろしお出版

〒102-0084　東京都千代田区二番町4-3
［電話］03-6261-2867　［WEB］www.9640.jp

印刷・製本　藤原印刷　　装　丁　庄子結香（カレラ）　　イラスト さかもときなこ

ISBN978-4-87424-955-0 C3082